HARPER RAE DAWSON

Domine el Arte de la Comunicación para Generar Confianza y Salvar las Distancias en Su Relación a Distancia

Cómo Estrechar Lazos y Seguir Conectados a Pesar de los Kilómetros

Contenido

Introducción

En el corazón de esta historia está la esencia atemporal de la confianza en las historias de amor a distancia, moldeada y desafiada por la era digital en la que vivimos. A lo largo de estas páginas, viajaremos a través de las complejidades de alimentar la confianza y dominar la comunicación a través de las millas que dividen. Exploraremos las piedras angulares sobre las que descansa la fortaleza de las relaciones a distancia: la confianza inquebrantable y la comunicación sincera.

Abordaremos los obstáculos más comunes, como las diferencias horarias, el dolor de la ausencia y los fallos de comunicación ocasionales; expondremos estrategias y puntos de vista compartidos para guiar a las parejas en estas agitadas aguas con éxito.

El mensaje central es tan firme como el haz de un faro: la confianza, la comunicación sincera y los lazos afectivos profundos son las anclas que mantienen firmes las relaciones a larga distancia. A ***medida*** que los lectores reflexionan sobre el camino recorrido en este libro, resuena el tema central: armadas de paciencia, comprensión y compromiso, las relaciones a larga distancia no sólo ***pueden*** sobrevivir, sino florecer, tendiendo puentes sobre las vastas extensiones que separan los corazones.

Reconocer la dedicación necesaria para mantener una relación a distancia es vital. Son la perseverancia, la comprensión y la paciencia de ambos miembros de la pareja las que alimentan el viaje. Las estrategias y la sabiduría que se imparten en este relato no son más que herramientas para superar los retos de la distancia, pero la verdadera esencia reside en el compromiso y el esfuerzo de ambos. El éxito en una relación a distancia es el reflejo del amor, la confianza y la dedicación compartidos por ambos miembros de la pareja.

El amor a través de la distancia ofrece una perspectiva única para el crecimiento personal y relacional. Esta separación desafía a los miembros de la pareja a comunicarse de forma más reflexiva, a cultivar la paciencia y la comprensión, y a descubrir formas ingeniosas de seguir entrelazados. Estas pruebas no sólo refuerzan las fortalezas individuales, sino que enriquecen la relación, allanando el camino para un vínculo resistente y robusto.

En los momentos de duda, recuerda que no estás solo. Apóyate en amigos, familiares o profesionales. Buscar ayuda no es un signo de debilidad, sino un paso hacia el fomento de una relación enriquecedora. Aprecia tu historia de amor única. Reconoce la fuerza, la resistencia y el compromiso que hacen falta para mantener encendida la llama de una relación a distancia. Celebra cada hito y espera con ilusión lo que les deparará el futuro a ti y a tu pareja.

Siéntete orgulloso de tu viaje y que las ideas de este libro te ayuden a superar los obstáculos del amor a distancia. Abraza tu camino con valentía y afecto, sabiendo que tu historia única es un tesoro que debe ser apreciado y celebrado.

A medida que nos embarcamos en esta guía sobre cómo cultivar y mantener las relaciones a través de las distancias, tómate en serio estas ideas y estrategias. El camino hacia el mantenimiento de una relación, independientemente de la distancia, comienza con tus pasos proactivos y tu adaptación.

Por creer en la fuerza de tu historia de amor, por saber que, con confianza, comunicación y un poco de creatividad, las relaciones a distancia pueden convertirse en historias de profunda conexión y amor duradero.

Domine el Arte de la Comunicación para Generar Confianza y Salvar las Distancias en Su Relación a Distancia

Cómo Estrechar Lazos y Seguir Conectados a Pesar de los Kilómetros

marcas de servicio, marcas comerciales y marcas registradas de sus respectivos propietarios. Los editores y el libro no están asociados con ningún producto o vendedor mencionado en este libro. Ninguna de las empresas a las que se hace referencia en el libro lo ha respaldado.

Primera edición

Este libro se ha maquetado profesionalmente en Reedsy

Más información en reedsy.com

Capítulo I

La confianza a través de los cables: El afecto en la frontera digital

Relación Perfil

Maya y Ethan

La historia de Ethan y Maya es un cuento clásico de aventurarse en los reinos desconocidos de un romance a distancia, cada paso un baile entre permanecer conectados y abrazar la soledad de sus mundos separados. Su historia comenzó con el entusiasmo de un amor recién descubierto, en el que cada mensaje de texto y cada susurro digital se sentían como un puente sobre los kilómetros que los separaban. Sin embargo, este zumbido digital constante pronto reveló sus defectos, haciendo que sus conversaciones se sintieran superficiales, como piedras que saltan y nunca llegan a hundirse bajo la superficie.

En busca de una conexión más profunda, se pasaron a las videollamadas, reservando espacios en sus agendas para contemplar el mundo del otro a través de las pantallas. Estos momentos se convirtieron en lo más destacado de sus semanas, aunque a veces la estructura no encajaba con su espíritu espontáneo, como si se tratara de guionizar una sesión de jazz improvisada.

Su gran avance se produjo cuando se toparon con la magia de los mensajes de voz, un punto intermedio que dejaba que sus emociones fluyeran tan libremente como los ríos, permitiéndoles hablar con el corazón sin necesidad de sincronización. Este método les acercó, y cada mensaje se convirtió en un hilo que tejía la trama de sus vidas cotidianas. Para afianzar sus semanas, establecieron el ritual de una cita virtual nocturna, un tiempo dedicado a que sus pantallas se iluminaran con sonrisas y risas compartidas, profundizando su vínculo.

El viaje de Maya y Ethan ilumina la esencia del amor a distancia, no en el volumen de palabras intercambiadas, sino en el descubrimiento de los canales que se hacen eco del ritmo único de la pareja. Su historia subraya las virtudes de la adaptabilidad, la comprensión y una pizca de inventiva para crear una relación que puede volar a través de las distancias, demostrando que el amor, en efecto, no conoce fronteras.

El Nuevo Panorama de la Confianza: De la Pluma y el Papel a los "Pings" y los Mensajes Digitales

Una rápida mirada retrospectiva

El concepto de "confianza" en nuestras conexiones se ha convertido en una montaña rusa que ha pasado de los días de las cartas manchadas de tinta al zumbido de los *mensajes directos* instantáneos. Es como si hubiéramos cambiado los caballos por cohetes en lo que respecta a la velocidad a la que chateamos. Antes, cuando se escribían cartas, se tardaba siglos en enviar un pensamiento. Había que garabatear las palabras, echarlas al buzón y esperar... y esperar un poco más. Era una época en la que cocinar una respuesta era un asado lento, que daba a cada uno la oportunidad de mascar realmente sus palabras. La confianza era algo que se cocinaba a fuego lento, enriqueciéndose con cada carta que se intercambiaba.

¿Pero ahora? ¡Bam! Envías un mensaje al otro lado del mundo en un abrir y cerrar de ojos. Este ir y venir instantáneo es como vivir en un mundo en el que las conversaciones están al alcance de la mano. Aunque es genial charlar sin pausa, también es una receta para esos pequeños malentendidos que pueden dejar un sabor amargo. Además, con la opción solapada de editar o fantasmear a alguien, no es de extrañar que algunos de nosotros nos rasquemos la cabeza, preguntándonos si estamos recibiendo el verdadero trato o sólo humo y espejos digitales.

Sin embargo, a pesar del torbellino de píxeles y emojis, la confianza nos sigue llevando de la mano. No se trata solo de la rapidez con la que vuelan los mensajes; es la esencia de la conversación lo que construye un puente sólido entre los corazones.

La gratificación instantánea es un arma de doble filo

Ah, la era digital, donde esperar es tan popular como el *smartphone* de la temporada pasada. Los mensajes instantáneos hacen que todos estemos a un zumbido de distancia, como si tuviéramos a todo el mundo en el bolsillo. Es acogedor, sin duda, pero también aumenta la presión para responder a la velocidad del rayo. No responder con la suficiente rapidez puede provocar una tormenta de preocupaciones y hacer que alguien se pregunte si le han dejado en un segundo plano.

Pero si le damos la vuelta a la moneda, este chat instantáneo puede ser el pegamento que mantenga unidas las relaciones. No hay nada mejor que resolver un malentendido en tiempo real, convirtiendo un drama potencial en un contratiempo. El truco está en encontrar ese punto en el que nadie se sienta pegado al teléfono, pero todos se sientan escuchados y valorados.

Confianza en el terreno de juego digital

La confianza es la vieja base fiable, por muy llamativas que se vuelvan nuestras formas de conectar. Pero admitámoslo, mantener la confianza en el mundo digital es como intentar agarrar un pez con las manos grasientas. Tenemos que ser más inteligentes a la hora de guiñar el ojo, dar un codazo y asentir con la cabeza a través de nuestras pantallas. Atrás quedaron los días en que un apretón de manos o una palmada en la espalda lo decían todo. Ahora se trata de leer entre líneas los textos, descifrar los jeroglíficos emoji y ser astutos con nuestras huellas en Internet.

En esta era en la que un "tuit" puede hacer o deshacer una reputación, la confianza tiene que ser rápida y bailar al ritmo del tambor digital. Se trata de mantener los ojos abiertos y el ingenio, asegurándose de que la confianza que se construye está preparada para el mundo interconectado de alta velocidad del que todos formamos parte.

La realidad digital

1. **Conócete a *ti mismo* antes de escribir:** Antes de sumergirte en el mundo digital, respira hondo. Comprende lo que sientes para que tus mensajes no parezcan más fríos que un robot.

2. **Emoji con prudencia:** Los emojis son divertidos, pero no dejes que hablen por ti. Elige los que realmente hablen por ti, manteniendo el corazón emocional de tu mensaje en el asiento del conductor.

3. **Mantente en sintonía:** Cuando estés chateando a través de una pantalla, estate ahí, realmente ahí. Sin desplazamientos ni multitarea. Solo tú y la conversación, para que sea lo más real posible.

4. **Sé un libro abierto:** La conversación digital puede ser complicada, con malentendidos acechando detrás de cada píxel. Mantén tus palabras claras y tus intenciones transparentes; es la salsa secreta de las conexiones genuinas.

5. **Escucha como si fuera en serio:** Aunque no veas su cara, puedes escuchar el corazón de alguien a través de sus palabras. Escucha atentamente, responde con atención y verás cómo se fortalece vuestro vínculo digital.

6. **Elige tus palabras con cuidado:** Ya que no tenemos en cuenta los tonos de voz y las expresiones faciales, haz que cada palabra cuente. Pinta tus sentimientos con tus palabras, asegurándote de que llegan a su destino.

7. **Comparte tus historias:** Incluye una o dos historias personales. Añade color a tu charla digital, haciendo que cada mensaje parezca un abrazo cálido y amistoso.

8. **Los comentarios son tus amigos:** Si no estás seguro de cómo se percibe tu comportamiento digital, pregúntalo. Un pequeño empujón

puede ayudarte a sintonizar mejor, manteniendo las ondas emocionales claras y fuertes.

Entretejiendo estos hilos en nuestros diálogos digitales, podemos mantener el corazón de nuestras conversaciones latiendo fuerte, sin importar cuántas pantallas se interpongan entre nosotros.

La Confianza en la Era de los "Me gusta" y "Compartir"

Las dos caras de las redes sociales

Las redes sociales son como ese amigo que se lo pasa en grande en las fiestas, pero que a veces puede ser demasiado dramático. Es una fuente de energía para ser realistas con el mundo, abrir de par en par las puertas de nuestras vidas y permitirnos gritar lo que pensamos desde los tejados digitales. Nos reunimos en torno a las cosas que importan, nos asomamos a las aventuras cotidianas de los demás y encontramos nuestra tribu en todo el mundo. Este ambiente de libro abierto puede estrechar nuestros lazos y sembrar semillas de confianza y entendimiento a lo largo y ancho del planeta.

Pero, espera, hay otra cara de la moneda. ¿Alguna vez has sentido esa punzada de envidia al desplazarte por tu muro? Eso se debe a que a menudo vemos lo más destacado: el sol y el arco iris, dejando de lado los días de lluvia. Esta versión de la vida en una revista de papel satinado puede hacer que la nuestra parezca un poco aburrida en comparación, creando un cóctel de celos y dudas.

Y no nos olvidemos del infame FOMO (*Fear Of Missing Out, miedo a perderse algo*), cortesía de nuestros siempre activos y zumbantes muros. Es como si todo el mundo estuviera en una fiesta menos tú. Esta carrera por mantener el ritmo, por brillar con la misma intensidad, puede hacer que nos sintamos desbordados, ansiando los "Me gusta" como si fueran el aire que respiramos.

En medio de estas publicaciones perfectamente pulidas, es crucial recordar que son solo fragmentos de una imagen más amplia. Al defender la sinceridad y la amabilidad en Internet, podemos fomentar un espacio que eleve a todo el mundo, haciendo de las redes sociales un rincón acogedor para todos.

Cuando los avatares y la realidad chocan

Al sumergirnos en el mundo digital, todos tenemos la oportunidad de pintarnos con nuevos y atrevidos colores. Pero a veces, la imagen que pintamos en Internet y la que colgamos en nuestra galería de la vida real no coinciden del todo. Esta brecha entre quiénes somos en la red y quiénes somos cuando la pantalla se apaga puede ser un verdadero revés para la máquina de la confianza.

Es un poco como llevar una máscara en una mascarada; el anonimato puede tentarnos a retocar la verdad. Curamos, pulimos y, a veces, nos alejamos de nuestro verdadero yo, impulsados por el ansia de "Me gusta" o la presión de encajar en un molde.

Este desajuste puede hacer que la confianza se desmorone como un castillo de naipes. Imagínate esto: alguien defiende la vida ecológica en Internet pero tira su lata de refresco a la acera. Eso levantaría algunas cejas, ¿verdad? Son estas pequeñas grietas las que pueden dejar que se filtre la duda, desdibujando la línea que separa lo auténtico de lo que sólo sirve para aparentar.

En un mundo plagado de historias de bagres y personajes en línea, es más importante que nunca ser realista. Luchar por la autenticidad, ser fieles en nuestro baile digital, es lo que hará que sigan sonando las melodías de la confianza. Reconozcámoslo: todos somos perfectamente imperfectos y mostrarnos tal y como somos tiene su magia, tanto en la red como fuera de ella.

Encontrar el equilibrio: La privacidad en un mundo en el que todo se comparte

Caminar por la cuerda floja entre mantener algunas cosas sólo para nosotros y vivir a todo volumen en las redes sociales no es tarea fácil. A continuación te explicamos cómo mantener la paz con tu privacidad mientras juegas a las redes sociales:

1. **Charla:** ¿La regla de oro? Hablar. Siéntate con tu pareja, amigo o cualquier otra persona de tu círculo digital y decidid qué *está bien* compartir y qué *está prohibido*. Entender lo que cada uno hace y lo que no hace en Internet es fundamental.

2. **Marca los límites:** Establece unas reglas básicas sobre lo que queda entre ustedes y lo que está a la vista de todo el mundo. La zona de confort de cada persona es diferente, y no pasa nada. Se trata de encontrar ese punto dulce en el que se respeten las vibraciones de todos.

3. **Piensa antes de publicar:** Haz una pausa y reflexiona: ¿esta publicación hará olas en tu estanque personal? Si existe la posibilidad de que moleste a alguien, guárdalo en los borradores por el momento.

4. **Protege tu espacio:** No todo necesita un "hashtag". Algunos momentos son como tesoros ocultos, que deben guardarse en el corazón en lugar de compartirse en una publicación. Apreciar la magia privada entre tú y tus seres queridos mantiene el depósito de confianza lleno.

5. **Calidad sobre cantidad:** En lugar de perseguir "Me gusta", céntrate en forjar conexiones más profundas fuera de Internet. Cultiva tus relaciones más allá de la pantalla y haz que cada momento cuente.

6. **La confianza es una calle de doble sentido:** Al fin y al cabo, la confianza es lo que lo une todo. Si hay respeto y comprensión mutuos, no hay necesidad de vigilar constantemente las redes sociales. Confía en que tu gente respeta tus límites y verás que el equilibrio es mucho más fácil de mantener.

En la gran velada de las redes sociales, mantener nuestras conexiones genuinas y nuestra vida privada sólo eso -privada- puede ser un acto de malabarismo. Pero con una pizca de conversación abierta y una pizca de respeto por los límites, todos podemos bailar en la era digital, de la mano, sin pisarnos los pies.

Mantener la Realidad en un Mundo Digital

Los ecos de nuestras acciones en línea

Lo que hacemos en Internet, como si dejáramos caer una piedra en un estanque, se propaga y afecta a nuestros seres queridos, especialmente a nuestras parejas. Es una verdad moderna que la forma en que hablamos, parloteamos y galanteamos en Internet pinta una imagen para nuestras otras mitades que bien podría influir en cómo confían en nosotros cuando las pantallas se apagan.

Ser franco y honesto sobre lo que hacemos en Internet puede allanar el camino a la Villa de la Confianza. Pero si empiezas a desviarte hacia los arbustos, ocultando tus actividades en Internet, puede que la confianza caiga cuesta abajo.

Y no es sólo lo que decimos, sino lo que hacemos lo que lo dice todo. Inclinar el sombrero o guiñar un ojo ante algo que no le gusta a tu pareja puede agitar la olla. Pasar mucho tiempo conversando animadamente con los demás, sobre todo cuando se roza la intimidad, puede desatar una tormenta de celos y dudas más rápido de lo que se tarda en decir "malentendido".

No olvidemos esos chats clandestinos o esos escarceos digitales con gente de tu pasado. Por inocentes que sean, sin la luz clara de la transparencia, pueden arrojar largas sombras de duda.

Y luego está la cuestión de lo que estás difundiendo para que todo el mundo lo vea. Una foto o una publicación demasiado atrevida o fuera de lugar puede hacer que tu pareja se rasque la cabeza y se pregunte si te conoce tan bien como creía.

Predicar con el ejemplo: En linea y Disconectado

En este gran desfile de la vida, llevar una máscara en línea y otra cuando se apaga la pantalla puede llevar a un pequeño aprieto. La gente tiende a confiar en las personas cuyas palabras y actos coinciden, independientemente de si se tuitean, se publican o se hablan cara a cara.

Mantener tu alter ego en línea al mismo nivel que cuando no hay Wi-Fi hace maravillas por la confianza. Demuestra que eres la misma persona honesta, tanto si estás chasqueando el ratón como brindando.

Este enfoque directo no solo te presenta como una persona fiable y sincera, sino que también da brillo a tu reputación. En el mundo actual, en el que la gente te busca en Google incluso antes de darte la mano, que tu imagen en linea refleje tu imagen desconectada vale su peso en oro.

Y hablemos de las personas a las que apreciamos. La coherencia entre tu imagen en Internet y tus acciones en el mundo real puede cimentar la confianza y estrechar lazos, asegurando que los cimientos de tus relaciones sean sólidos como una roca.

Cuidado con los pasos digitales

Cuidar con esmero el jardín de tu huella digital puede ahorrarte muchos problemas en el futuro, sobre todo cuando se trata de mantener la confianza en una relación.

Aquí tienes algunos consejos para mantener verdes tus pastos digitales:

1. **Echa un vistazo a tu imagen en Internet:** Echa un vistazo a tus redes sociales y perfiles en línea para asegurarte de que representan fielmente quién eres y lo que representas.

2. **Haz una pausa antes de publicar:** Cada publicación, cada "Me gusta" y cada "Compartir" es una pincelada en el retrato que estás pintando de ti mismo en Internet. Asegúrate de que es un cuadro que estarías orgulloso de colgar en tu pared.

3. **Ajusta tu privacidad:** Mantener tu información personal a buen recaudo y compartir las instantáneas de tu vida sólo con aquellas personas en las que confías puede mantener alejadas de tu jardín digital las malas hierbas no deseadas.

4. **Vigila tu sombra:** Configurar alertas para tu nombre y controlar lo que aparece sobre ti en Internet puede ayudarte a gestionar tu reputación y adelantarte a cualquier nube oscura que se avecine en el horizonte.

5. **Etiqueta a los tuyos, pero piensa antes de etiquetar a los demás:** Asegúrate de que no compartes información sobre tus amigos o seres queridos sin su consentimiento. Se trata de respetar y mantener la confianza.

6. **Manténte al día en precauciones en línea:** Conocer los entresijos de la protección de datos en Internet es como guardar la agenda en una caja fuerte. Se trata de protegerte a ti mismo y a los que te importan.

7. **Háblalo:** Hablar abiertamente con tus seres queridos sobre tus huellas digitales y cómo las gestionas puede generar confianza y comprensión, asegurándote de que todo el mundo está de acuerdo.

Salvando las distancias: en línea frente a la realidad

Cuando el yo digital y el del mundo real empiezan a cantar canciones diferentes, es hora de sentarse y discutirlo, no sea que esas discrepancias se conviertan en abismos.

He aquí cómo mantener la paz y salvar las distancias:

1. **Abra las líneas de comunicación:** Siéntense y hablen de corazón sobre las diferencias que hayan observado. Abórdalo con un espíritu de curiosidad y no de acusación.

2. **Esfuérzate por comprender:** Intenta llegar al fondo de por qué puede haber una diferencia entre el comportamiento en línea y las expectativas en la vida real. A veces, es solo una cuestión de perspectiva.

3. **Fijen juntos las expectativas:** Aclare lo que ambos consideran un comportamiento aceptable, tanto en el ámbito digital como fuera de él. Se trata de encontrar un terreno común.

4. **Encontrar un término medio:** El compromiso es clave cuando las expectativas chocan. Se trata de respetar los límites y las zonas de confort de cada uno.

5. **El comentario es tu amigo:** Ofrece comentarios amables y constructivos sobre puntos concretos de discordia. Intenta construir, no destruir.

6. **Actuar en equipo:** Trabaja en equipo para resolver cualquier problema, centrándote en encontrar soluciones en lugar de culpar a los demás. Al fin y al cabo, es una asociación.

7. **Cuidado con las diferencias culturales:** Recuerda que los hábitos en Internet a veces pueden deberse a diferencias culturales. Mantener la mente abierta puede evitar muchos malentendidos.

Manteniendo abiertos los canales de comunicación y abordando cualquier discrepancia con comprensión y cooperación, podrán navegar por el mundo digital de la mano, garantizando que la confianza siga siendo la piedra angular de vuestra relación, sin importar los kilómetros o las pantallas que les separen.

Capítulo II

Hilando hilos que unen: Profundizar en los diálogos digitales

Relación Perfil

Marco y Ayami

Ayami, de Tokio, y Marco, de Roma, se encontraron en una historia de amor que abarcaba continentes y culturas, partiendo de píxeles en una pantalla hasta llegar a una profunda conexión. Al principio, sus intentos de conversación eran como intentar sintonizar una emisora de radio con un poco de estática: la vívida forma italiana de expresarse de Marco chocaba con el estilo japonés, más sutil y reflexivo, de Ayami. Los malentendidos eran tan frecuentes como la lluvia en primavera, lo que les dejaba a ambos desconcertados y frustrados, intentando descifrar los significados y emociones ocultos en los mensajes del otro.

Pero, aunque el curso del amor nunca es fácil, Ayami y Marco no dejaron que estas dificultades les quitaran el ánimo. Al contrario, lo vieron como una aventura de comprensión, un puente que tender entre sus corazones y sus culturas. Se dedicaron a conocer el mundo del otro, no sólo a través del prisma impersonal de libros y artículos, sino a través de las historias y experiencias íntimas que compartían. Marco obsequiaba a Ayami con historias sobre el expresivo lenguaje corporal y las vibrantes conversaciones italianas, mientras que Ayami le presentaba con delicadeza el elocuente silencio y las delicadas señales no verbales de la comunicación japonesa.

Este intercambio cultural no se limitó a intercambiar historias, sino que se convirtió en la base de su creciente comprensión y amor. Marco empezó a ver los momentos de silencio de Ayami como algo lleno de significado, un silencio que comunicaba más de lo que las palabras podrían comunicar. Ayami, por su parte, sintió un nuevo aprecio por la franqueza de Marco, que veía su franqueza como un sello de honestidad.

Juntos, tejieron un tapiz único de comunicación, fusionando los brillantes colores de la expresividad italiana con los intrincados patrones de la sutileza japonesa. Esta mezcla les permitió navegar por su relación con menos malentendidos y una conexión más profunda, creando un lenguaje del amor propio que llevaba la esencia de sus dos culturas.

La historia de Ayami y Marco nos recuerda que el amor no conoce fronteras, ni de distancia ni de cultura. Nos dice que con una pizca de paciencia, una pizca de empatía y la voluntad de comprender y adaptarse, dos corazones pueden latir como uno solo, por muchos kilómetros que los separen. Su viaje de conocidos digitales a almas gemelas es un testimonio de que, a veces, el amor no sólo cruza fronteras, sino que crea un mundo completamente nuevo en el que dos culturas, dos corazones, pueden florecer juntos.

De Corazón a Corazón a Través de Píxeles

Ojo a ojo, pantalla a pantalla

¿Alguna vez se ha maravillado de cómo una simple videollamada puede reducir kilómetros a meros píxeles? Es como si redescubriéramos la magia de las charlas cara a cara, pero a través del espejo de nuestras pantallas. Estos encuentros digitales nos permiten captar todas las sonrisas, las muecas y las risas silenciosas, convirtiéndolas en lo más parecido a tocarse las manos a través de la brecha digital.

Aquí es donde se produce la magia: en las miradas compartidas y en los entendimientos tácitos que sólo las señales visuales pueden proporcionar. Son estas sutilezas las que construyen los puentes de la confianza y el entendimiento, pieza a pieza. En el ámbito del trabajo o del amor, es la videollamada la que nos une más, haciendo que cada píxel cuente para un tapiz de conexiones más profundas.

Crear un círculo de confianza en la pantalla

Sumergirse en las profundidades digitales con otras personas puede ser un viaje de descubrimiento, por el que se navega mejor con un mapa de respeto mutuo y franqueza. He aquí cómo trazar un rumbo a través de las aguas de la vulnerabilidad y la conexión:

1. **Sienta las bases:** Comienza con un diálogo sincero sobre lo que se puede hacer en estas charlas. Se trata de crear una burbuja en la que se valore la voz de todos y sus historias estén a salvo.

2. **Sintonice, sintonice de verdad:** Fomente una cultura de la escucha atenta, en la que cada asentimiento y cada *"hmm"* sean un paso más hacia la comprensión de la persona detrás de la pantalla.

3. **Corazones abiertos, mentes abiertas:** Fomentar un espacio donde la empatía sea la moneda de cambio, y cada historia compartida sea un tesoro, no para juzgar sino para apreciar.

4. **La zona sin juicios:** Construye un refugio donde los pensamientos y los sentimientos puedan vagar libremente, sin miedo a ser inmovilizados por la crítica o el desprecio.

5. **Espejito, espejito:** Predique con el ejemplo, dejando que su propia franqueza inspire a los demás a quitarse las capas, preparando el terreno para conexiones genuinas.

6. **Romper el hielo, calentar los corazones:** Empiece con algo ligero para disipar el frío inicial y allanar el camino a inmersiones más profundas en el mundo de cada uno.

7. **Acoger a todos:** Celebre la mezcla de historias y orígenes, asegurándose de que cada voz encuentra su eco en el coro colectivo de la convocatoria.

Superar la incomodidad

A veces, las videoconferencias pueden parecer un baile en una habitación en la que todo el mundo desconoce los pasos. Esta es la melodía que hay que seguir para lograr una sinfonía de conexión:

1. **Empieza con sencillez:** Comienza la llamada hablando del tiempo, de tu último experimento en la cocina o de esa nueva canción que se te ha quedado grabada en la cabeza.

2. **Abre el escenario:** Comparte un trozo de tu día o un fragmento de tu diario. Son estas historias compartidas las que nos unen, hilo a hilo.

3. **Pregunta para descubrir:** Elabora tus preguntas para abrir puertas, invitando a historias que serpentean y recuerdos que brillan.

4. **Sé todo oídos:** Demuestra que estás ahí, no sólo en la llamada, sino en el momento, empapándote de sus palabras, sus risas y sus silencios.

5. **Prepara el escenario:** Escoge un rincón acogedor, ilumínalo a tu gusto y asegúrate de estar allí, tranquilo y sin filtros, listo para sumergirte de lleno en la llamada.

6. **Juega con los píxeles:** Juega con las funciones de videollamada para darle un toque divertido a la conversación. Una pantalla compartida o un filtro extravagante pueden ser el puente entre lo incómodo y lo asombroso.

7. **Amabilidad consigo mismo:** Acepta las mariposas que surgen al abrirse. No pasa nada por estar un poco nervioso; es el primer paso para encontrar consuelo en el silencio compartido.

Dedicar tiempo a las citas digitales

Anotar en un calendario para ponerse al día por vídeo es como colocar un faro en la relación, que la guía a través de la niebla de la vida cotidiana. Es una promesa de mantener viva la conexión, un ritual que dice: "Tú importas, no importan los kilómetros".

Estas pausas programadas para estar juntos se convierten en los hitos en los que prosperan las relaciones, prometiendo una cita en un mundo que siempre está en movimiento. Es en estas pausas planificadas donde encontramos la fuerza de la confianza, la calidez de la comprensión y el resplandor de la intimidad, haciendo que cada minuto cuente en nuestra búsqueda de cercanía a través de la expansión digital.

Al tejer estas prácticas en el tejido de nuestros diálogos digitales, no sólo superamos las barreras de la distancia, sino que las convertimos en puentes de comprensión más profunda, videollamada a videollamada.

Esquivar los Malentendidos Digitales

Las trampas del parlamento pixelado

En este gran baile digital al que todos asistimos hoy en día, los pasos en falso son habituales. El chat y los mensajes digitales son un campo minado de confusiones. He aquí un puñado de los sospechosos habituales que causan jaleo:

1. **Sin guiños ni asentimientos:** Sin ver el brillo en los ojos de alguien o la sonrisa en sus labios, las palabras pueden torcerse como un pretzel. Es muy fácil que una broma se pierda en la traducción cuando todo lo que tienes son letras en una pantalla.
2. **Vago como una mañana de niebla:** A veces, un mensaje puede ser tan claro como el lodo, dejando a la gente rascándose la cabeza tratando de averiguar qué es qué. La ambigüedad es el cerdo engrasado de los chats digitales, difícil de atrapar y destinado a causar conmoción.
3. **La ruleta emoji:** Se supone que los emojis ayudan, pero a veces son tan útiles como la puerta de un submarino. Lo que para uno es una carcajada, para otro es una risita sarcástica.
4. **Contexto: jugar al escondite:** Soltar una frase sin preparar el escenario es buscarse problemas. Es como entrar en una película a mitad de camino e intentar averiguar quién es quién y qué es qué.
5. **Respuestas lentas:** Esperar una respuesta que se demora más de lo

previsto puede poner nerviosa a la gente y dar lugar a todo tipo de malentendidos sobre quién ignora a quién.

6. **Cruces culturales:** Con el mundo a un clic de distancia, nuestras palabras a veces viajan más rápido que nuestras brújulas culturales, lo que hace que los mensajes se pierdan en un mar de normas y matices diferentes.

7. **Lenguas enredadas:** Un desliz del teclado, una falla gramatical o un error del corrector ortográfico pueden convertir un mensaje en un acertijo, envuelto en un misterio, dentro de un enigma.

Entendiendo a estos mal pasos del diálogo digital y actuar con cautela puede ayudar a mantener la paz y evitar un montón de confusiones.

Enderezar la estática

Cuando se trata de mantener las líneas de comunicación tan claras como una campana, he aquí algunos trucos bajo la manga:

1. **Reproduciendo:** Parafrasear lo que se ha dicho es como darle una segunda mano de pintura: lo hace todo más claro y brillante. Es como asegurarse de que los dos cantan con la misma letra.

2. **Preguntar para aclarar:** Si estás desconcertado, no tengas reparos en preguntar. Un "¿Qué quieres decir con eso?" bien formulado puede ahorrarte muchos disgustos.

3. **Hacer eco:** La escucha reflexiva es como reflejar lo que has oído, asegurándote de que has entendido bien el mensaje y dándoles la oportunidad de asentir o aclarar las cosas.

4. **Resumir la saga:** Resumir los puntos principales como se hace al final de un capítulo de un libro de cuentos garantiza que todo el mundo está en la misma página antes de pasar al siguiente.

5. **Pedir opiniones:** Pedir un pulgar hacia arriba, un gesto de asentimiento o incluso un "Sí, lo he entendido" garantiza que el mensaje ha llegado

como estaba previsto, sin cables cruzados ni señales confusas.

6. **Imagínatelo:** A veces, un boceto rápido o un gráfico pueden despejar la niebla mejor que una docena de palabras. Al fin y al cabo, una imagen vale más que mil palabras.

7. **Establecer paralelismos:** Presentar una comparación o un escenario similar puede arrojar luz sobre lo que estás tratando de decir, aclarando lo turbio.

Utilizar estas estrategias puede ser como engrasar las ruedas de la comunicación: hace que todo vaya más fluido y mantiene a raya los malentendidos.

Paciencia, el héroe anónimo del chat

En esta época en que todo es instantáneo, la paciencia en la conversación es cada vez más escasa, pero nunca más valiosa. Tomarse un respiro antes de reaccionar, conceder el beneficio de la duda y no sacar conclusiones precipitadas puede convertir una tormenta de granizo en una lluvia suave.

La paciencia nos permite desvelar las capas, considerar la otra cara de la moneda y comprender que, en la mayoría de los casos, la intención del mensaje es tan pura como la nieve. Dar el beneficio de la duda es como tender una mano en la oscuridad: se trata de confianza, comprensión y de asumir que el otro tiene buenas intenciones, aunque sus palabras se hayan desviado.

Un refugio para las relaciones de corazón a corazón

Crear un espacio en el que la gente se sienta cómoda como un zapato viejo compartiendo y diseccionando malentendidos es clave para cualquier relación que pretenda durar más que una bola de nieve en julio. He aquí por qué es importante:

1. **Aclarar las cosas:** Hablar sobre los deslices digitales puede ayudar a despejar cualquier nube de duda persistente, asegurando que el sol brille de nuevo en su relación.
2. **Crear confianza:** Estar abierto a hablar de los contratiempos demuestra que ambos están comprometidos a largo plazo, lo que refuerza los lazos que unen.
3. **Evitar la amargura:** Cortar de raíz los malentendidos evita que se conviertan en algo peor.
4. **Aprender y crecer:** Cada charla sobre un error de comunicación es un peldaño más en la escalera para entenderse mejor, fomentando una relación fuerte como el acero.
5. **Profundizar el vínculo:** Cada vez que resolvéis un enredo juntos, es como añadir otra hebra a la cuerda que une vuestros corazones.

Para cultivar este tipo de diálogo abierto, se trata de fomentar la honestidad, practicar la escucha activa, hablar desde el corazón, tratar de comprender antes de ser comprendido y, siempre, pero siempre, elegir la amabilidad antes que tener razón.

Navegar por el panorama de la comunicación digital es un poco como pastorear gatos, pero con un poco de cuidado, un poco de paciencia y la voluntad de ponernos en las botas de la otra persona, todos podemos acercarnos un poco más a entendernos, clic a clic.

Explotar lo Tácito: Lenguaje Corporal Digital y Más Allá

La nueva frontera de guiños y asentimientos

A medida que avanzamos por la senda digital, hemos descubierto una nueva forma de hablar sin pronunciar una sola palabra: el lenguaje corporal digital. Son todas esas pequeñas insinuaciones que dejamos caer en nuestros correos electrónicos, mensajes de texto e incluso en la forma en que hacemos una pausa antes de responder, que cuentan una historia tan vívida como cualquier charla cara a cara.

Entender esta jerga digital es como ser detective en una novela de misterio. Esos signos de exclamación pueden ser una fiesta en un correo electrónico, o esa larga pausa antes de responder puede ser que alguien esté meditando cuidadosamente sus palabras. Al igual que leer una habitación al entrar, aprender a leer estas señales digitales es clave para saber qué se cuece detrás de la pantalla.

Este lenguaje corporal digital es nuestra guía para navegar por las emociones, las intenciones e incluso los titubeos de nuestros compadres en línea. Es un baile nuevo, y aprender los pasos puede marcar la diferencia entre un vals tranquilo y pisarse los talones.

Emojis, signos de puntuación y el tango de la mecanografía

Los emojis y los signos de puntuación son nuestros gestos y expresiones faciales del siglo XXI. Un emoji bien colocado puede iluminar un texto como un árbol de Navidad, mostrando alegría, broma o simplemente una pizca de descaro. Y eso sin mencionar de los signos de puntuación- Un signo de exclamación por aquí, un punto por allá pueden convertir una simple frase en un grito de entusiasmo o en un susurro de preocupación.

Es como si tuviéramos nuestro propio código secreto, en el que la velocidad de una respuesta, la longitud de un mensaje o incluso sumergirnos en el mundo de los LOLs (*Laugh Out Loud, Riendome en voz Alta*) y los BRBs (*Be Right Back, Regreso al Momento*) nos dice más sobre el estado de ánimo y el significado que las propias palabras. Es un baile de dedos sobre teclados en el que lo que escribimos y cómo lo escribimos revela cómo nos sentimos.

El arte de no dar demasiada importancia a las cosas

Pero aquí está el problema: con todos estos indicios y pistas volando por ahí, es fácil empezar a ver sombras donde no las hay. Asumir el tono o el estado de ánimo de un mensaje sin ver el blanco de los ojos o la mandíbula de alguien puede llevarnos a una madriguera más rápido de lo que se tarda en decir "texto malinterpretado".

Es muy tentador ponerse el sombrero de detective y empezar a armar un rompecabezas con cada punto y emoji como si fuera una pista de un gran misterio. Pero la verdad es que, a veces, un pulgar hacia arriba es sólo un pulgar hacia arriba, ni más ni menos. Es crucial mantener la calma antes de sacar conclusiones precipitadas que podrían levantar una nube de confusión.

Es aconsejable respirar hondo, quitarse el sombrero ante la posibilidad de un simple malentendido y tratar de aclarar las cosas. Se trata de dar al otro el beneficio de la duda, preguntando directamente qué se quiere decir antes de dejar que las suposiciones tomen las riendas.

Aclarando como un vaquero al amanecer

En el vasto campo abierto de la comunicación digital, pedir aclaraciones no es sólo una cuestión de cortesía, sino una necesidad. A falta de pistas prácticas como el tono de voz o una palmadita tranquilizadora en la espalda, nos toca a nosotros preguntar: "¿Qué querías decir con eso?".

Se trata de atenuar la distancia entre lo que se dice en la pantalla y lo que se siente en el corazón. Ya sea un correo electrónico de trabajo que te hace rascarte la cabeza o un mensaje de un ser querido que te ha dejado pensativo, la clave está en pedir un poco más de luz sobre el asunto.

Fomentar las costumbres respetuosas para que sea tan natural pedir una aclaración como decir *"buenos días"* puede despejar la niebla de muchos malentendidos digitales. Es una práctica que invita a la apertura, fomenta la comprensión y garantiza que, aunque nos comuniquemos a través de pantallas, nuestras conexiones sigan siendo tan claras y fuertes como un arroyo de montaña.

Mientras navegamos por esta era digital, quitémonos el sombrero ante el arte de leer entre líneas, saber cuándo pedir ayuda y recordar que, al fin y al cabo, lo más importante son las conexiones que forjamos, tanto en la red como fuera de ella.

El Fino Arte de la Escucha Digital

Sintonizar con la melodía no dicha

Entender la melodía que toca tu pareja -sin que diga una palabra- es una habilidad que vale su peso en oro. Se trata de captar esas pequeñas señales digitales, como el ritmo de su escritura o los emojis que iluminan sus mensajes, para escuchar de verdad la canción de su corazón.

1. **El contexto es clave:** Igual que un violín necesita un arco, el contexto da sentido a la comunicación digital. Es el trasfondo de cada mensaje, te ayuda a entender el *"por qué"* detrás del *"qué"*. Recordar conversaciones pasadas es como conocer las estrofas de una canción, te ayuda a entender la melodía.

2. **En caso de duda, pregunta:** Si no estás seguro de si el texto de tu interlocutor es una balada o una canción, pregúntale. Las preguntas aclaratorias pueden ser como pedir un bis: demuestran que estás escuchando y deseando más.

3. **Empatía - Su oído atento:** Intentar sentir el latido de sus emociones en tu propio corazón es crucial. Se trata de ponerte sus zapatos de baile y seguir su ritmo, lo que puede ayudarte a captar las sutilezas de sus expresiones digitales.

Escucha activa, estilo digital

La escucha activa no es sólo para las conversaciones cara a cara, sino también para las digitales. Se trata de prestar toda la atención a la pantalla, empapándote de cada palabra, emoji y pausa, demostrando que estás realmente enganchado y bailando.

1. **Más allá de las palabras:** Escuchar activamente en línea significa prestar atención a toda la actuación: las palabras, el ritmo y las pausas. Se trata de leer entre líneas y escuchar el silencio.
2. **Mantener la concentración:** En el ámbito digital, las distracciones son como los aplausos fuera de ritmo: pueden echar a perder todo el baile. Mantener la concentración en la conversación garantiza que no te pierdas ni un paso.
3. **Crear vínculos:** Practicar la escucha activa, incluso a través de una pantalla, refuerza la conexión. Demuestra que no solo estás ahí para bailar, sino que realmente sintonizas con la música de su alma.

Ecos para una mayor claridad

La recapitulación en una conversación es como el eco en un cañón: te hace saber que tu voz está siendo escuchada. En el diálogo digital, se trata de garantizar que el mensaje enviado sea el mensaje recibido, manteniendo la conversación clara y la conexión fuerte.

1. **El eco de la comprensión:** Ofrecer comentarios, en forma de un resumen de lo que has oído, garantiza que ambos bailáis al mismo son, sin pisaros los pies.
2. **Navegar por la pista de baile:** El resumen de lo entendido ayuda a guiar la conversación, asegurando que ambos se mueven en armonía, evitando con elegancia los pasos en falso y los malentendidos.

Escuchar como si fuera tu canción favorita

Integrar ejercicios de escucha en tus conversaciones digitales es como pedir tu canción favorita en la gramola: prepara el escenario para un baile memorable. Estos ejercicios pueden ayudar a convertir tus conversaciones en un dúo, en el que cada mensaje refuerza vuestro vínculo y profundiza vuestra conexión.

1. **Dar y recibir:** Turnarse para compartir y escuchar, dando espacio a las historias y los silencios de los demás. Es una danza de palabras en la que cada paso es importante.
2. **Respuestas reflexivas:** Hazte eco de lo que has oído y demuestra que no eres un mero alhelí, sino un participante activo en el baile.
3. **Cuestionarios de curiosidad:** Haz preguntas que abran la puerta a un intercambio más profundo, fomentando un baile de ideas y emociones que os acerque a cada paso.
4. **Compartir historias:** Intercambiad anécdotas de vuestro día o sueños para el futuro, contándoos las historias que componen la melodía de vuestras vidas.
5. **Leer juntos:** Elige un libro o artículo para leerlo por separado y comentarlo juntos. Es como elegir una canción para bailar, aprender los pasos individualmente y luego reunirse para compartir el baile.

En la era digital, en la que es tan probable que nuestras conversaciones se produzcan a través del teclado como tomando un café, dominar el arte de escuchar es más importante que nunca. Se trata de sintonizar, no solo de conectarse, y de hacer que cada mensaje, cada emoji y cada pausa cuenten. Pues, que aprendamos todos a escuchar un poco más, a bailar un poco más y a mantener la música de nuestras relaciones.

El Tango del Tiempo: Cómo Dominar el Ritmo de las Conversaciones Profundas

Momentos de corazón a corazón

En el torbellino de nuestro día a día, sacar tiempo para esas conversaciones sinceras puede parecer tan difícil como enhebrar una aguja en un viaje lleno de baches. Sin embargo, son precisamente estas conversaciones, programadas con cuidado, las que tejen el sólido tejido de nuestras relaciones, puntada a puntada.

1. **Inmersiones profundas en lugar de nadas poco profundas:** Como si planeáramos un viaje a las profundidades ocultas, programar estas charlas nos permite aventurarnos más allá de las olas superficiales y adentrarnos en las ricas aguas de un entendimiento y una conexión más profundos. Se trata de zarpar juntos con un mapa compartido y dispuestos a explorar.

2. **Colocando la piedra angular de la conexión:** Al marcar nuestros calendarios para estas conversaciones, estamos colocando la piedra angular de la prioridad en nuestras relaciones. Es nuestra forma de decir: "Tú me importas", construyendo un puente de confianza con cada palabra intercambiada.

3. **Cultivar el crecimiento en el jardín del yo:** Estas conversaciones

programadas no sólo sirven para conectar con los demás, sino que son tierra fértil para el crecimiento personal. Es donde plantamos las semillas de nuestros pensamientos, las regamos con la reflexión y vemos cómo florecen nuevos conocimientos.

4. **Crear espacio en lo cotidiano:** En medio del ajetreo, es fácil que los intercambios significativos se nos escapen de las manos como si fueran arena. Hacerles un hueco intencionadamente es como abrir un canal claro en un para que la señal de nuestra atención llegue alta y clara.

Bailar entre husos horarios

Cuando los seres queridos están a una rayuela de distancia, sincronizarse para charlar puede parecer como intentar atrapar un rayo de luna. Sin embargo, con un poco de agilidad y una pizca de paciencia, podemos encontrar nuestro ritmo a través de los kilómetros.

1. **Elegir las herramientas adecuadas para el tango:** Utilizar aplicaciones que nos permitan ver el reloj en la pared del otro puede ayudarnos a girar en torno a una franja horaria mutuamente conveniente sin interferir en los horarios del otro.

2. **Flexibilidad en el trabajo de pies:** Comprender y apreciar el baile de husos horarios del otro es la clave de una rutina armoniosa. Se trata de doblarnos y balancearnos en nuestra disponibilidad, mostrando gratitud por los esfuerzos realizados para encontrarnos en el medio.

3. **Crear una cadencia de regularidad:** Establecer un ritmo de encuentros regulares puede convertir nuestros pasos sincopados en un vals suave, cada charla programada un paso más hacia el entendimiento y la conexión.

El preludio de la anticipación

Anticiparse a una charla programada puede ser como esperar a que se levante el telón de un espectáculo muy esperado. Es un momento lleno del zumbido de la preparación y el resplandor de la expectación.

1. **Afinar nuestros instrumentos:** Sabiendo que nos espera una inmersión profunda, podemos afinar nuestros pensamientos y sentimientos, ordenándolos como notas en una hoja, listos para ser tocados en armonía.
2. **El crescendo de la emoción:** La preparación de estas conversaciones puede ser una melodía en sí misma, cada día una nota más alta, acercándonos al momento de la conexión.
3. **Valorar el rendimiento:** La anticipación subraya la importancia del intercambio, recordándonos que lo que está a punto de ocurrir es un viaje compartido que merece cada segundo de espera.

La flexibilidad de las expectativas

Comprender que no todas las charlas serán una sinfonía es clave para mantener la armonía de nuestras expectativas. Algunas charlas serán improvisadas sesiones de jazz, mientras que otras serán conciertos cuidadosamente compuestos.

1. **Improvisación en lo espontáneo:** Aprender a mecerse con los ritmos inesperados de las conversaciones espontáneas puede dar lugar a armonías deliciosas que nunca planeamos.
2. **Orquestar lo programado:** Cuando hemos programado un debate, comunicarnos las piezas que queremos tocar ayuda a preparar el terreno para una actuación satisfactoria.
3. **Abrazar el bis:** Estar abierto a la fluidez de la conversación, tanto si se

ciñe al guión como si se sale de la página, garantiza que cada charla sea un intercambio digno de bis.

Al dominar el tango de las conversaciones en profundidad, no sólo seguimos el ritmo de la vida del otro, sino que bailamos más cerca del corazón de lo que significa conectar de verdad. Se trata de encontrar el ritmo en nuestras relaciones y movernos al compás de la comprensión y el crecimiento mutuos. Así que vamos a atarnos los cordones de los zapatos de baile, a poner música y a pisar la pista de una conexión más profunda, una charla programada cada vez.

Conversar Sin Limitaciones: Cómo Compartir

Contar la verdad sin desbordarse

Hablar de lo que necesitamos y queremos es como caminar por un campo de minas con los ojos vendados: nunca sabes cuándo puedes pisar algo que explote. Pero hay que hacerlo si queremos que el jardín de nuestras relaciones siga creciendo sano y fuerte. El truco está en hacerlo sin presionar a nuestra pareja más que un saco de plumas.

1. **Hablar con el "yo" por delante:** Utilizar afirmaciones con "yo" es como ponerse la venda en los ojos y decir: "Voy a atravesar este campo de minas yo solo". Demuestra que asumes la responsabilidad de tus sentimientos sin que parezca que todo es culpa suya.
2. **El momento es la clave:** Elegir el momento adecuado para hablar es como elegir el momento perfecto para sembrar las semillas para que crezcan bien. No conviene hacerlo cuando la tierra está demasiado dura o el tiempo es demasiado tormentoso.
3. **Claro como un arroyo:** Ser tan claro como las aguas de un arroyo de montaña sobre lo que quieres puede evitar un montón de malentendidos. Al fin y al cabo, nadie sabe leer la mente.
4. **Escuchar como si fuera en serio:** Recuerda que es una calle de doble

sentido. Tú también tienes que escuchar sus canciones, demostrando que también te importa la música que tocan.

5. **Nada de "...o si no":** Evitar los ultimátums es como decir: "No voy a construir una presa en tu arroyo". Mantiene el agua fluyendo y los peces saltando, agradable y fácil.

6. **Encontrar el punto medio:** A veces, simplemente hay que encontrarse en medio del puente. Demuestra que ambos están dispuestos a caminar un poco para llegar al otro.

7. **Paciencia, socio:** Estas cosas llevan su tiempo, como esperar a que hierva una olla. Dale un momento y, antes de que te des cuenta, estarán tomando el té juntos.

8. **En caso de duda, llama a un profesional:** Si se encuentran hablando en círculos, a veces ayuda recurrir a un tercero neutral para que les guíe en los momentos difíciles.

Caminar "una milla con sus botas"

Ponerse en el lugar de la otra persona consiste en comprender su versión de los hechos sin decir ni pío. Es darse cuenta de que su mundo es tan complejo y lleno de matices como el tuyo, y que un paso suave puede ayudar a encontrar puntos en común.

Malabares con las giga y el baile del dúo

Equilibrar lo que quieres con lo que es bueno para los dos es como hacer malabarismos con huevos: requiere un toque suave y buen ojo. Se trata de saber cuándo coger y cuándo soltar, sin perder de vista el patrón que ambos están creando.

El poder de decir "buen trabajo!"

Decirle a tu pareja que está haciendo un trabajo de primera es como darle un refresco después de un largo día de trabajo. Es refrescante y vigorizante, y marca la diferencia. Un pequeño *"gracias"* o *"te agradezco lo que has hecho"* puede convertir un día normal en un desfile en su honor. Se trata de reconocer sus esfuerzos y hacerles saber que son vistos y valorados.

Con delicadeza, hablando con claridad y escuchando con el corazón abierto, podemos compartir nuestras necesidades y deseos sin imponer cargas pesadas. Se trata de crear un espacio en el que pueda crecer el amor, en el que ambos se sientan escuchados y valorados, como la dulce armonía de una canción.

Senderos de Mensajes de Texto: El Camino Hacia una Conexión Sincera

Redactar textos con cuidado y amabilidad

Los mensajes de texto en una relación a distancia son como enviar postales digitales al corazón de tu pareja. Se trata de elegir las palabras adecuadas que viajen a través de los cables y calienten su alma, no de limitarse a pitar en su dispositivo. A continuación te explicamos cómo conseguir que tus mensajes tiendan puentes, no barreras.

1. **Amabilidad en cada tecla:** Piensa en cómo llegarán tus palabras a su corazón antes de pulsar enviar. Es como plantar semillas: quieres que crezca el amor, no las espinas.
2. **Rapidez:** Responder a tiempo demuestra que estás ahí, con los oídos y el corazón bien abiertos. Es como abrir la puerta con una sonrisa cuando llaman a la puerta.
3. **Cuida tus modales:** Los buenos modales son como el azúcar en el té dulce- lo hace todo mejor. Un *"por favor"* y un *"gracias"* pueden convertir simples palabras en un cálido abrazo.
4. **Tono y tacto:** Sin la calidez de tu voz ni la luz de tu rostro, tus palabras tienen que cumplir una doble función. Elígelas como si eligieras un regalo: con cuidado y atención.

5. **Confirmación de recepción:** Si no estás seguro de si tu mensaje ha llegado a través del éter digital, pregúntalo. Es como asegurarse de que una carta ha llegado al buzón.

6. **Respetar el reloj:** Que podamos enviar mensajes de texto a cualquier hora no significa que debamos hacerlo. Respeta su descanso y su rutina como te gustaría que respetaran los tuyos.

7. **El toque justo de los emojis:** Un emoji bien colocado puede ser como una pizca de sal en una comida: lo realza todo. Eso sí, no eches todo el salero encima.

8. **Cuidado con las mayúsculas:** Las mayúsculas son como los gritos en el ámbito digital. A menos que estés animando o celebrando, es mejor bajar el volumen.

Navegar por el campo de minas de los mensajes de texto

Los mensajes son una herramienta poderosa para mantener encendida la lámpara del amor a distancia, pero también tienen sus trampas.

Envía mensajes con tacto y evita los malentendidos.

1. **La claridad es el rey:** Sé claro como el agua. La ambigüedad en un texto es como la niebla en un camino rural: solo lleva a la confusión.

2. **La pendiente resbaladiza del sarcasmo:** Sin el brillo en los ojos o la sonrisa en la cara, el sarcasmo puede pasar desapercibido o, peor aún, hacer daño. Es mejor reservarlo para las conversaciones de voz.

3. **Cuidado con el tono:** Es fácil que los textos resulten más fríos que una mañana de invierno. Una cuidadosa elección de las palabras puede aportar la calidez de una tarde de verano.

4. **En busca de claridad:** Si su texto es tan claro como el barro, no adivines: pregunta. Es como preguntar por una dirección cuando estás perdido; tiene sentido.

5. **Emojis y signos de exclamación:** Son el condimento de los mensajes

de texto. Un poco puede realzar el sabor, pero demasiado puede resultar abrumador.

6. **Mensajes multimedia:** A veces, una imagen o un vídeo hablan mejor. Es como enviar un trozo del momento a través de los kilómetros.

7. **Delicias descriptivas:** Cuando compartas sentimientos, pinta con tus palabras. Haz que sientan el sol en la cara o la lluvia en el cuerpo.

8. **El contexto es crucial:** Recuerda que, sin el telón de fondo de las señales no verbales, tus palabras tienen que pintar el cuadro completo. Prepara el escenario con tus frases.

Equilibrar textos como un profesional

En una relación a distancia, no sólo hay que saber qué decir, sino también con qué frecuencia.

1. **El significado por encima de la materia:** Que cada texto sea una muestra de tus pensamientos, no sólo un cosquilleo en su pantalla. La calidad supera a la cantidad.

2. **Ten en cuenta su tiempo:** Sigue su ritmo de vida. No dejes que tus mensajes sean una interrupción, sino una nota de bienvenida en la melodía de su día.

3. **Tango de la comunicación:** Habla del ritmo de tus mensajes. Encontrad un ritmo que os vaya bien a los dos, para que nadie se quede esperando o con ganas.

4. **Espacio para respirar:** Dar espacio es tan importante como compartir palabras. Permite que el amor crezca en los huecos entre los textos.

5. **Sintonizar con las respuestas:** Presta atención a sus respuestas. Es como leer la sala antes de pisar la pista de baile.

Abrazos digitales y besos virtuales

Los mensajes pueden ser un abrazo cálido, un beso suave o una presencia reconfortante en ausencia de cercanía física.

1. **Personal y conmovedor:** Elabora tus mensajes con un toque personal, como si tallaras su nombre en un árbol. Que tus palabras sean un abrazo desde la distancia.

2. **El carril de los recuerdos:** Comparta recuerdos como si hojearan juntos un álbum de fotos. Es un puente hacia la calidez de los momentos compartidos.

3. **Apoyo y consuelo:** Sé el hombro digital en el que puedan apoyarse. Tus palabras pueden ser la mano que sostengan en la oscuridad.

4. **Agradecimiento y elogio:** No escatime en muestras de aprecio. Un simple *"gracias"* en un texto puede ser tan dorado como el sol de la mañana.

5. **Emojis como emociones:** Utiliza los emojis como pinceladas en un cuadro. Pueden dar color y vida a tus palabras.

6. **Evitar las suposiciones:** Tome los textos al pie de la letra y pregunte en caso de duda. Es como aclarar las direcciones cuando la señal de tráfico no está clara.

7. **Compartir sueños:** Escribe sobre tu futuro como si estuvieras dibujando mapas hacia un tesoro. Es una forma de soñar juntos mientras están separados.

8. **Despejar la confusión:** Si tus palabras se enredan, desata los nudos con más palabras. La claridad despeja las nubes en la comunicación.

Los mensajes de texto en una relación a distancia son tanto un arte como una ciencia. Se trata de saber cuándo hablar, cuándo escuchar y cómo hacer que cada palabra cuente. Se trata de enviar pequeños fragmentos de tu corazón a través de cada mensaje, manteniendo encendida la luz del amor a través de cualquier distancia.

La Sinfonía Tácita: Dominando El Silencio en el Diálogo

Abrazar los ecos

En el ajetreo de la vida cotidiana, donde las palabras se agitan como hojas en una tormenta, el poder del silencio en la conversación a menudo se pierde en el ruido. Sin embargo, el silencio, como los silenciosos espacios entre las notas de una melodía, desempeña un papel crucial en la profundización de los vínculos y el enriquecimiento de nuestra comprensión mutua.

El silencio es algo más que la ausencia de sonido; es una invitación a hacer una pausa, reflexionar y digerir de verdad el banquete de palabras que compartimos. Cuando permitimos que el silencio entre en nuestras conversaciones, no sólo nos detenemos para recuperar el aliento, sino que abrimos un espacio para que se asienten los pensamientos y florezcan los significados. Es en estos momentos de silencio donde a menudo encontramos las semillas de la intuición y conexión.

Además, el silencio es un testimonio de la comodidad y la confianza en una relación. Es una señal de que estamos de acuerdo en dejar que lo que no se dice hable por sí solo, y de que el entendimiento no siempre tiene por qué estar envuelto en palabras. Al tejer el silencio en nuestras conversaciones, creamos un tapiz más rico y lleno de matices que uno lleno de parloteo constante.

Cultivar la tranquilidad

En la era digital, donde las conversaciones pasan de una pantalla a otra, abrazar el silencio puede parecer tan fuera de lugar como un caballo en una carrera de coches. Sin embargo, encontrar consuelo en los momentos tranquilos de nuestros diálogos digitales puede transformar los intercambios superficiales en conexiones profundas.

1. **Escuchar con intención:** Cuando escuchamos activamente, no nos limitamos a esperar nuestro turno para hablar, sino que nos implicamos de verdad con las palabras de la otra persona. El silencio nos da espacio para asimilar, procesar y apreciar la profundidad de sus pensamientos.

2. **Hacer una pausa con propósito:** El silencio no es sólo el espacio entre palabras; es un espacio deliberado para la reflexión. Al hacer una pausa, indicamos que estamos reflexionando profundamente sobre lo que se ha compartido, valorando el peso de cada palabra.

3. **Aceptar la ambigüedad:** No todas las preguntas tienen respuestas inmediatas. A veces, la fuerza de una relación se demuestra en la capacidad de sentarse juntos en la incertidumbre que suele traer el silencio.

4. **Expresar sin palabras:** La comunicación digital nos permite enviar un abrazo a través de un emoji o una carcajada mediante un gif. Estas pequeñas muestras silenciosas pueden transmitir una calidez y un afecto que las palabras por sí solas no pueden transmitir.

5. **Estar presente:** La atención plena en nuestras interacciones digitales significa estar totalmente presentes, incluso en los momentos de silencio. Se trata de prestar toda nuestra atención, incluso cuando la pantalla nos tienta con distracciones.

Armonizar el silencio y la palabra

Utilizar el silencio con eficacia no significa convertir cada conversación en un juego de quién puede permanecer callado más tiempo. Se trata de saber cuándo dejar que el silencio hable y cuándo llenarlo de palabras.

1. **Dar espacio para crecer:** Después de compartir o escuchar algo significativo, permítase un respiro de silencio para que el impacto aterrice por completo. En esos momentos se profundiza la comprensión y florece la empatía.
2. **Destacar el meollo de la cuestión:** Una pausa estratégica antes de un punto crucial puede subrayar su importancia, haciendo que las palabras que siguen tanto más poderosos.
3. **Afirmar a través de la ausencia:** La escucha activa a menudo implica silencio. Al absorber en silencio lo que se comparte, estamos ofreciendo un gesto silencioso de comprensión y apoyo.
4. **Guiar el ritmo:** La conversación es como un baile; las pausas son los pasos que le dan gracia. Al incorporar el silencio de forma consciente, nos aseguramos de que el diálogo fluya con naturalidad, sin tropezar con palabras apresuradas o respuestas precipitadas.
5. **Encontrar la paz en la pausa:** Un silencio confortable es señal de una relación segura. Es un reconocimiento de que nuestra conexión es más profunda que las palabras que intercambiamos.

La conexión silenciosa

El silencio, cuando se entreteje con cuidado y respeto en nuestras conversaciones, se convierte en una poderosa herramienta de comunicación. Indica a nuestros seres queridos que les escuchamos de verdad, que valoramos el espacio entre las palabras y que nos sentimos cómodos en la tranquila compañía que aporta la verdadera comprensión. Al dominar el arte del silencio, descubrimos que a veces las conexiones más profundas no se encuentran en las palabras que pronunciamos, sino en los espacios tranquilos que compartimos.

El Encanto de la Comunicación Personalizada: Reavivar el Arte de la Conexión Significativa

Redescubrir la magia de las cartas manuscritas

En un mundo en el que las misivas digitales vuelan más rápido de lo que podemos seguir, el pintoresco encanto de una carta manuscrita parece un susurro del pasado. Es un testimonio de la época en que la gente se tomaba un momento para sumergir la pluma en tinta y dejar que su corazón se derramara sobre el papel. Sentarse a escribir una carta es como preparar una taza de amor, en la que cada palabra está impregnada de intención y afecto.

No se trata sólo de las palabras, sino del viaje que emprenden desde el corazón, a través de la mano, hasta el papel y, finalmente, hasta las manos de un ser querido. La expectación de recibir una carta, la emoción de ver una letra familiar y el ritual de sellar y enviar los pensamientos a través de los kilómetros: es una danza de conexión que trasciende el tiempo y la tecnología.

Las cartas escritas a mano son algo más que comunicación: son recuerdos tangibles que pueden guardarse, apreciarse y revisitarse. Llevan consigo una parte del remitente: una huella dactilar, una mancha, un olor. En esta era digital, revivir el arte de escribir cartas es un guiño a los días en que el amor y la amistad se medían en tinta y papel, no en "Me gusta" y Seguidores.

Notas de voz y mensajes de vídeo: La calidez de la comunicación digital

Entre los pitidos y los pitidos de la comunicación moderna, las notas de voz y los mensajes de vídeo destacan como faros de calidez. Llevan una parte de nosotros al ámbito digital, acortan las distancias y refuerzan los vínculos.

Las notas de voz son como susurros en una habitación ruidosa, con matices de risas, pausas y suspiros que el texto en una pantalla nunca puede captar. Son explosiones espontáneas de pensamiento que hacen que las conversaciones fluyan con más naturalidad, casi como si estuviéramos charlando a través de la mesa de la cocina en lugar de a través de continentes.

En cambio, los mensajes de vídeo son como ventanas al mundo del otro. Nos permiten compartir no sólo nuestros pensamientos, sino también nuestro entorno, nuestras expresiones y nuestras vidas en movimiento. La posibilidad de ver el brillo en los ojos de alguien o la sonrisa que se dibuja en sus labios al compartir una historia hace que la comunicación no sea sólo un intercambio de palabras, sino un intercambio de experiencias.

Liberar la creatividad en la conexión

1. **Cartas manuscritas:** No son sólo mensajes; son cápsulas del tiempo de emociones. Una carta manuscrita es un lienzo en el que las palabras pintan la profundidad de nuestros sentimientos, mostrando esfuerzo, cariño y un toque personal que los textos digitales apenas pueden reproducir.

2. **Paquetes:** Imagina abrir una caja y encontrar una colección de pequeñas cosas que gritan *"tú"*, un testimonio de lo bien que alguien te conoce y te aprecia. Es como recibir un abrazo en una caja, una manifestación física de amor y consideración.

3. **Creatividad colaborativa:** Emprender un proyecto juntos, ya sea crear un álbum de recortes o componer una canción, teje hilos individuales en un tapiz de recuerdos compartidos. Es un viaje de descubrimiento,

no solo de los talentos de cada uno, sino de la fuerza y la profundidad del vínculo que los une.

4. **Recuerdos personalizados:** Un regalo con un toque personal no es sólo un objeto; es un mensaje que dice: "Te veo, te conozco y aprecio lo que te hace único". Es la diferencia entre una tarjeta de felicitación genérica y una con una nota manuscrita que habla directamente al corazón.

Corazones y mentes sorprendentes

1. **Notas de amor en rincones ocultos:** Encontrar una nota escondida en un libro o bajo la almohada puede convertir un día cualquiera en una búsqueda del tesoro del corazón. Son las pequeñas sorpresas las que mantienen viva la magia y nos recuerdan que el amor está en los detalles.

2. **Amabilidad sin avisar:** Una cena sorpresa, una aventura imprevista o simplemente ocuparse de una tarea que su pareja teme: los actos de amabilidad pueden ser las cartas de amor más elocuentes jamás escritas.

3. **Celebraciones espontáneas:** La vida está hecha de momentos, y celebrarlos espontáneamente -ya sea con un baile en el salón o un picnic a medianoche- añade chispa a lo cotidiano, convirtiendo la rutina en romance.

4. **Un paseo por la memoria:** Sorprender a alguien con una colección de recuerdos compartidos, ya sea a través de fotos, vídeos o notas manuscritas, es como reabrir capítulos de un viaje compartido, recordándonos el camino que hemos recorrido juntos y los pasos que aún nos quedan por dar.

En el tapiz de las relaciones modernas, cada hilo de comunicación teje un vínculo más fuerte. Ya sea a través de la elegancia atemporal de las cartas escritas a mano, el toque personal de las notas de voz o la expresión creativa de los proyectos compartidos, es la consideración, la intención y el amor que hay detrás de nuestras palabras lo que realmente tiende puentes entre nosotros.

Capítulo III

Unir corazones a kilómetros de distancia: Acortar distancias emocionales

Relación Perfil

Emma y Lucas

Lucas, en Londres, y Emma, en Nueva York, se encontraron separados por océanos, pero más unidos que nunca en el corazón, gracias a su férreo compromiso de no dejar que la distancia apagara la luz de su amor. En el tejido de su relación tejieron una tradición de citas semanales, un faro que les guiaba a través de la distancia. No se trataba de citas normales y corrientes, sino de encuentros virtuales llenos de creatividad: ver películas sincronizadas a kilómetros de distancia o cocinar la misma comida en husos horarios distintos. Estas citas eran su forma de reducir el mundo, de hacer que pareciera que estaban al otro lado de la mesa y no del océano.

Pero su conexión no se basaba únicamente en estos encuentros digitales. Emma y Lucas tenían el don de mantener viva la chispa con sorpresas que podían convertir cualquier día triste en una celebración. Lucas enviaba los granos de café favoritos de Emma desde una pequeña cafetería londinense que ambos apreciaban, y cada paquete llevaba notas cortas en palabras pero profundas en significado. Emma, para no quedarse atrás, le enviaba cajas llenas de los aperitivos preferidos de Lucas, una prenda de su ropa con su aroma y recuerdos que le susurraban su amor. No eran simples regalos; eran mensajeros de afecto que cruzaban los mares para recordarles su vínculo.

En las ocasiones especiales, su lenguaje del amor se volvía aún más atento. Los cumpleaños, aniversarios, hitos o logros no sólo se observaban, sino que se celebraban con gusto, y cada regalo era un testimonio de su comprensión y amor. Ya fuera una entrega sorpresa el Día de San Valentín o un detalle para celebrar un nuevo trabajo o un éxito, cada regalo era un puente sobre las aguas que los separaban, reforzando su conexión.

La historia de Emma y Lucas es más que una historia de amor que resiste la distancia; es un modelo de cómo la creatividad, una pizca de espontaneidad y un compromiso inquebrantable pueden forjar un vínculo irrompible. Nos demuestran que el verdadero amor no cuenta los kilómetros, sino los momentos de conexión, demostrando una y otra vez que con suficiente imaginación y amor, la distancia es sólo una palabra, no una barrera.

Desenchufar para Volver a Conectar

Equilibrio entre tiempo de pantalla y tiempo real

En este mundo que se ha convertido en un gran baile de pulgares y pantallas, es muy fácil quedar atrapado en el torbellino digital, sobre todo cuando nuestros seres queridos están a un código postal o a un continente de distancia. No olvidemos el arte de equilibrar esos saludos digitales con el tipo de momentos que no se pueden resumir en un texto.

La tecnología está bien para salvar distancias, seguro como el sol que sale. Sin embargo, ninguna videollamada puede sustituir la calidez de una risa compartida o las historias intercambiadas con una taza de café. Son esas aventuras fuera de la pantalla, en solitario o con la familia y los amigos, las que tejen el rico tapiz de nuestras vidas. Son los momentos que atraen todos nuestros sentidos y crean recuerdos que perduran mucho después de que se apague la pantalla.

Busca la armonía entre tus escarceos digitales y el mundo tangible. Inclinarse demasiado hacia un lado puede provocar una tormenta de soledad o una sensación de distanciamiento. Por el contrario, dejar espacio para los encuentros en el mundo real puede afianzar las relaciones, embellecer tu jardín mental y endulzar el camino de la vida.

Así que, la próxima vez que planifiques tu día, prevea un momento cara a cara, o tal vez simplemente una llamada de voz. Son estos esfuerzos por crear y compartir momentos reales los que garantizan que una relación digital sea tan sólida y satisfactoria como sea posible, sin importar los kilómetros que haya de por medio.

El poder curativo de las desintoxicaciones digitales

No malinterpretes, el mundo digital es una maravilla, un tesoro de información y conexión al alcance de la mano. Pero de vez en cuando, es saludable dar un paso atrás, tomar un respiro del zumbido interminable y el brillo de las pantallas. Ahí es donde una desintoxicación clásica y consagrada, como un botón de reinicio para el alma, resulta útil.

Tomarse un respiro del ajetreo digital puede hacer maravillas por el espíritu. Tranquiliza la mente, alivia el corazón y agudiza los sentidos. Al alejarte del constante pitido de las notificaciones, te das espacio para respirar y despejar la mente. Esto, a su vez, puede ayudar a arreglar relaciones que podrían haber sufrido por estar "juntos a solas", perdidos en nuestros dispositivos incluso cuando estamos uno al lado del otro.

Además, una desintoxicación nos anima a establecer límites más saludables con nuestros aparatos. Se trata de elegir vivir con intención en lugar de dejarnos arrastrar por la corriente digital. Esta atención plena devuelve el equilibrio a nuestra relación con la tecnología, permitiéndonos dirigir el barco en lugar de estar a la deriva en el mar.

En esencia, las desintoxicaciones digitales regulares pueden ser el tónico que necesitamos para tener una mente más sana y conexiones más fuertes con aquellos a quienes apreciamos, pintando nuestros días con pinceladas de calma y presencia.

Planificar juntos un ayuno digital

Embarcarse en una desintoxicación digital no tiene por qué ser un viaje solitario. De hecho, hacerlo en pareja o con seres queridos puede convertirlo en una aventura compartida, un pacto para redescubrir las alegrías del mundo más allá de la pantalla.

1. **Objetivos compartidos:** Acércate en una silla y discute por qué te parece bien una desintoxicación digital. Puede que sea para encontrar más paz, para reconectar o simplemente para disfrutar de las cosas sencillas. Establecer este objetivo común puede ser el pegamento que mantenga unida la experiencia.

2. **Traza un plan:** Decide cuándo vas a guardar los dispositivos. Puede ser durante la cena, una hora antes de acostarse o tal vez un día entero durante el fin de semana. Un plan lo hace realidad, le da sentido.

3. **Elige tu poción***:* Piensa en algunas actividades para llenar el vacío digital. Un paseo, un juego de mesa, tal vez sumergirte en un libro o cocinar algo rico. Se trata de sustituir el tiempo frente a la pantalla por algo igual o más enriquecedor.

4. **Apóyate en los demás:** Infórmate y anímate. Se trata de hacer el camino juntos, celebrar las pequeñas victorias y aprender de los baches.

5. **Reflexión:** Una vez finalizado el periodo de desintoxicación, tómate un momento para reflexionar sobre el viaje. Habla de lo que te ha sentado bien, de lo que ha sido duro y de cómo te has sentido. Esta charla puede allanar el camino para futuras desintoxicaciones, cada una mejor que la anterior.

Entretejer una desintoxicación digital en el tejido de una relación la convierte en un paso colectivo hacia una existencia más consciente y conectada.

El dulce retorno

Ahora, volver al mundo digital después de una desintoxicación no es sólo un regreso; es una renovación. Es volver con ojos más frescos, un corazón más ligero y un aprecio más profundo por la persona que está al otro lado de la pantalla.

1. **Lazos más ricos:** La pausa de la charla digital deja espacio para charlas reales y risas, forteleciendo los lazos con nuestros seres queridos.
2. **Charlas más nítidas:** Sin la pantalla como escudo, las conversaciones ganan en profundidad, convirtiéndose más en escuchar y menos en esperar a hablar.
3. **Clic consciente:** La desintoxicación sirve de recordatorio para utilizar la tecnología con un propósito, para convertirla en una herramienta de conexión y no en una barrera.
4. **Más entusiasmo:** Un descanso del ruido digital puede reavivar el entusiasmo por los pequeños placeres de la vida, desde una sonrisa compartida hasta la simple belleza de una puesta de sol.
5. **Equilibrio saludable:** Este ciclo de pausa y vuelta fomenta un baile más sano con la tecnología, en el que la vida digital realza las alegrías del mundo real en lugar de eclipsarlas.

Volver a conectar después de una desintoxicación digital no consiste sólo en volver a conectarse; se trata de devolver una parte de la calma, la claridad y la cercanía a nuestros compromisos digitales. Es un suave recordatorio de que en este vasto mar digital, los verdaderos tesoros están en los momentos y las personas que llenan nuestros días en el mundo real.

Mantener las Chispas Encendidas A Través de los Cables

Cocinar el placer digital

No hay nada como compartir una buena película para mantener ese amor a distancia más cerca que la brisa de una noche de verano. Organizar una noche de cine virtual puede ser el hilo conductor entre corazones a kilómetros de distancia. A continuación te explicamos cómo enganchar los vagones y cabalgar juntos hacia la puesta de sol de la felicidad cinematográfica:

1. **Escoger el escenario:** En primer lugar, busca una plataforma adecuada que les permita a ti y a los tuyos ver juntos, como Netflix Party o un sarao de Zoom con pantalla compartida. Es como invitar a tus seres queridos al salón de tu casa, pero a través de la magia de Internet.
2. **Elegir la película:** Elige una película que guste a todos. Quizá una comedia para compartir una carcajada o un *thriller* para manteneros en vilo. Se trata de encontrar ese punto en común en el gusto cinematográfico.
3. **Marca el calendario:** Elige una hora que convenga a toda la pandilla, teniendo en cuenta los molestos husos horarios. Se trata de un acontecimiento especial; ¡quieres que todo el mundo se presente!
4. **Envío de invitaciones:** Prepara tu fiesta virtual y reparte las invita-

ciones como si fuera un plato caliente. Asegúrate de que todo el mundo sabe cuándo, dónde y cómo acudir.

5. **Charla durante el espectáculo:** Si todos están de acuerdo, añade algo de para compartir esas risas y carcajadas en directo. Es lo más parecido a compartir un cubo de palomitas.

6. **Después del espectáculo:** Cuando terminen los créditos, no tengas reparos en comentar lo que acabas de ver. Es como reunirse alrededor de una hoguera después de un largo día y compartir historias y pensamientos.

Las actividades digitales compartidas, como estas noches de cine, pueden unir a la gente y hacer que esos kilómetros parezcan un poco más cortos.

Cae la confianza en la era digital

Siguiendo con el espíritu de crear confianza, ¿por qué no pruebas con una "caída de confianza digital"? Es algo menos físico, pero igual de significativo.

He aquí los detalles:

1. **Por turnos:** Decide quién batea primero para compartir un trozo de su corazón.

2. **De corazón a corazón:** La primera pareja cuenta algo que le preocupa, una esperanza o una historia que le hace sentirse vulnerable.

3. **Prestar oído:** El receptor sintoniza con todo lo que tiene, ofreciendo un hombro, un oído y tal vez algunas palabras de consuelo. Se trata de estar ahí hasta el final.

4. **Intercambio de papeles:** A continuación, cambia de rol, dando al otro la oportunidad de abrirse.

5. **Una y otra vez:** Sigue rodando la pelota, compartiendo y apoyando, hasta que ambos corazones se sientan más ligeros y cercanos.

6. **Tiempo de reflexión:** Termina con algunas reflexiones sobre cómo te

sentiste al compartir y ser compartido, a través de todo el cable.

Este salto de fe digital puede tejer un tejido más estrecho entre los dos, demostrando que la distancia es sólo una palabra, no una barrera.

La sorpresa de las citas virtuales

Si no puedes llevar a tu pareja a una cita sorpresa, el mundo digital es tu mejor aliado. Planear una cita sorpresa virtual puede avivar las llamas del amor, sin importar los kilómetros.

Ideas para empezar:

1. **Noche de chef:** Planea una cita para cocinar en la que los dos preparan la misma receta por videoconferencia. Es como bailar en la cocina, pero los dos dirigen.
2. **Una noche en el cine:** Elige una película y sincroniza tus pantallas para pasar una noche acogedora. Es lo más parecido a compartir sofá.
3. **Una visita a distancia:** Guía a tu amor a través de una visita virtual al museo, compartiendo descubrimientos y maravillas por el camino.
4. **Noche de juegos:** Sorpréndeles con una noche de juegos virtuales, ya sean juegos de mesa o algo un poco más digital. Es competición con una buena dosis de afecto.
5. **Día de spa:** Envíales un paquete y guíales en una sesión de mimos por videoconferencia. Es lo más parecido a dar un masaje a distancia.

Cada cita virtual es una oportunidad de demostrar que piensas en ellos, de crear momentos que perdurarán aunque os separe un mundo.

Compartir el corazón a través de páginas digitales

Compartir un diario digital puede ser como dejar el corazón al descubierto para que lo vea el otro: lo bueno, lo malo y todo lo demás.

El porqué y el cómo:

1. **Un vínculo transparente:** Dar a tu pareja la llave de vuestro "diario digital de pareja" es como decirle: "Aquí tienes mi corazón; manéjalo con cuidado". Es confianza en estado puro.
2. **Hablar sin hablar:** A veces, las palabras son difíciles de encontrar cara a cara. Un diario digital de pareja puede ser ese puente, portador de palabras difíciles de decir en voz alta.
3. **Controlar, con cariño:** No se trata de fisgonear; se trata de comprender los días, sueños y dilemas de los demás, fomentando una empatía y una conexión más profundas.
4. **Un álbum de recortes de almas:** Juntos estáis creando un documento vivo de vuestra historia de amor, un documento que podréis consultar y que os recordará lo lejos que habéis llegado.
5. **Limar asperezas:** Los malentendidos son inevitables, pero conocer los pensamientos del otro puede ayudar a suavizar esas arrugas antes de que se conviertan en pliegues.
6. **Crecer juntos:** No se trata sólo de ser abiertos; se trata de crecer, aprender y evolucionar juntos, apoyados por las palabras y experiencias de los demás.

Llevar una agenda digital de pareja abierta con tu pareja no es sólo una cuestión de confianza; se trata de construir una conexión más profunda y significativa, demostrando que aunque estén separados, sus corazones están más unidos que nunca.

Creación de una Armonía Digital

Preparar el terreno para la confianza

En esta vasta pradera digital por la que todos navegamos, hay que entonar una melodía que resuene con confianza a través de acuerdos mutuos sobre comunicación digital, lo que se asemeja a encontrar la armonía en una canción. Se trata de establecer límites claros y expectativas que se ajusten a la melodía de ambas partes, asegurándose de que nadie pisa los pies del otro en este baile digital.

Tener un mapa claro de lo que se *debe* y *no se debe hacer* en el ámbito digital hace maravillas para mantener a raya los malentendidos. Es como conocer los pasos de un baile antes de que empiece la música: menos tropiezos y más piruetas. Mostrar consideración por el tiempo, el espacio y los límites digitales de cada uno significa que el respeto es el ritmo que mantiene la fluidez del baile.

Estos acuerdos no sólo sirven para mantener la paz, sino que son la piedra angular para construir una fortaleza de confianza ladrillo a ladrillo. Cuando la pareja se atiene a su palabra, tanto a la hora de hacer clic como en la vida cotidiana, cimienta una confianza que es dura como unas botas viejas. Se trata de crear una transparencia tan clara que puedas verte reflejado en ella.

Personalizar el libro de jugadas

Ahora, elaborar una serie de pautas de comunicación digital que se ajusten tan bien como un guante bien usado es clave para mantener un ritmo saludable en tu relación.

He aquí cómo puedes abrirte camino girando:

1. **Empezar con un "corazón a corazón":** Siéntate y cuéntanos cómo os gusta conversar digitalmente. Se trata de poner las cartas sobre la mesa: preferencias, manías y todo lo demás.
2. **Un guiño al estilo del otro:** Como una buena pareja de baile, todo es cuestión de equilibrio y consideración. Trabajen juntos para encontrar un término medio que los haga bailar al compás.
3. **Trazar la línea:** Establecer límites claros es como saber dónde acaba la pista de baile. Tal vez sea acordar desconectar durante la cena o reservar ciertos temas para las charlas cara a cara. Así todo el mundo baila feliz dentro del espacio acordado.
4. **Afinar sobre la marcha:** Con el paso del tiempo, es posible que la música cambie un poco. Comprueba periódicamente si tus normas de comunicación digital necesitan algún retoque para mantenerse al día.

Ajustar el tempo

A medida que la relación crece y cambian las estaciones, también puede hacerlo el ritmo de tu comunicación digital. Es tan importante como que un violinista afine sus cuerdas.

Por eso, seguir estos cambios es como seguir el ritmo de la música:

1. **Comunicación clara como una campana:** Con el paso del tiempo, lo

que necesitas de la comunicación digital puede cambiar. Hablar de tú a tú con regularidad garantiza que ambos sigáis bailando al mismo son.

2. **Respetar los límites:** Al igual que un río cambia su curso con el tiempo, también pueden hacerlo los límites personales y los niveles de comodidad. Revisar los acuerdos mantiene el baile fluido y respetuoso.

3. **Adaptarse a los nuevos ritmos:** La vida es una canción llena de cambios de ritmo. Si revisan y adaptan sus acuerdos de comunicación digital, podrán deslizarse juntos con elegancia por los altibajos de la vida.

4. **Mantener a raya los malentendidos:** Los chequeos periódicos ayudan a aclarar cualquier paso confuso antes de que se produzca un malentendido, asegurando que el baile continúa sin problemas.

5. **Racionalizar los pasos:** A veces, el baile puede hacerse más eficiente. Si ajustas tus normas de comunicación digital, podrás reducir el desorden y mantener tu conexión tan fuerte como un lazo bien atado.

Honrar el patrimonio digital de cada uno

Incluso con acuerdos mutuos, es primordial quitarse el sombrero ante la idea de los espacios digitales personales. Es como entender que, a veces, una persona necesita un momento para sentarse en su propio patio y reflexionar.

Reconocer la importancia de los espacios digitales individuales no es más que reconocer que todo el mundo merece un trozo de cielo que pueda llamar suyo. Crea confianza, fomenta la independencia y mantiene la paz como un molino de viento bien engrasado. Se trata de entender que un poco de espacio puede hacer que el corazón se vuelva más cariñoso, evitando cualquier polvareda digital innecesaria y garantizando que cada interacción sea tan bienvenida como la lluvia en un campo reseco.

Estableciendo las bases de la confianza mediante acuerdos mutuos, personalizando las reglas del juego, ajustando el ritmo sobre la marcha y respetando el entorno digital de cada uno, podrán mantener su relación en sintonía con la siempre cambiante era digital. Se trata de encontrar un ritmo adecuado, en el que la confianza prospere y los malentendidos sean tan raros como los dientes de gallina.

Sincronización en el Baile Digital

Armonizar los pasos digitales

En este vals de la vida, donde la música se ha vuelto digital, sincronizarte con tu pareja a través de calendarios y aplicaciones compartidas puede ser como encontrar el ritmo perfecto que mantenga a ambos deslizándose suavemente por la pista de baile.

1. **La transparencia en el punto de mira:** Compartir tu agenda digital es como revelar a tu pareja tu tarjeta de baile. Demuestra que no te guardas nada en la manga y genera confianza paso a paso. Es un vistazo a tus prioridades y compromisos, lo que facilita la comprensión del por qué y el cuándo de tu juerga diaria.

2. **Coreografiar la comunicación:** Con herramientas a nuestro alcance que nos permiten compartir nuestros planes e ideas en tiempo real, es como tener línea directa con los pensamientos del otro. Así se reducen los pasos en falso y los pasos en falso, garantizando que ambos bailáis al mismo son.

3. **Sincronizar nuestros pasos:** Sincronizándonos, podemos hacer girar nuestros días sin tropezarnos con los horarios de los demás. Se trata de estar sincronizados, no solo de seguir el ritmo, ayudándonos mutuamente a mantener el ritmo y el equilibrio en esta danza de la vida.

4. **Un pacto de responsabilidad:** Cuando los dos pueden compartir los

pasos del baile, es como prometerse aparecer cuando empiece la música. Es una forma de responsabilizarse mutuamente, asegurándose de que el baile se desarrolla según lo previsto y generando confianza con cada paso.

5. **La eficacia de nuestro conjunto:** Compartir y sincronizar no sólo no sólo suaviza nuestro baile, sino que lo hace más elegante, dejando de lado el barullo para centrarnos en lo que de verdad importa. Se trata de aprovechar al máximo nuestro tiempo juntos, asegurándonos de que nuestra danza sea tan hermosa como sincronizada.

Elegir nuestros instrumentos digitales

Elegir las herramientas digitales adecuadas para seguir el ritmo de tu pareja es como elegir la música adecuada para nuestro baile. Aquí tienes cómo asegurarte de que ambos se muevan al mismo ritmo:

1. **Sintoniza con tu estilo de comunicación:** Elige las herramientas que mejor se adapten a cómo les gusta compartir a los dos: mensajes que vuelen más rápido que unos zapatos de claqué o calendarios que les mantengan a raya.

2. **La coreografía organizativa en el punto de mira:** Encuentra las aplicaciones que les ayuda a mantenerse al día de sus rutinas, ya sea gestionando las facturas o planificando vuestras próximas vacaciones.

3. **La facilidad de uso es clave:** Asegúrate de que, sean cuales sean las herramientas que elijas, sean tan fáciles de usar como un par de zapatos de baile bien usados, que se ajusten a la perfección sin causar ampollas de frustración.

4. **La seguridad en el punto de mira:** En este salón de baile digital, garantizar la seguridad y la privacidad del baile es primordial, por lo que hay que elegir herramientas que mantengan los pasos sólo entre los dos.

5. **Bailar al unísono:** Busca funciones que os permitan bailar el vals

juntos sin problemas, desde calendarios compartidos hasta listas que os permitan a ambos dar un giro a vuestras tareas diarias.

Trazar líneas en la pista de baile

Incluso cuando giramos más cerca en nuestra danza digital, establecer límites en nuestras herramientas compartidas es como saber dónde acaba la pista de baile y dónde empieza tu camerino privado. Se trata de mantener un espacio sano entre la unión, donde la libertad individual pueda hacer piruetas con gracia.

Capturar nuestros aplausos en la nube

Celebrar nuestras victorias, hitos y metas en este espacio digital compartido es como hacer una reverencia juntos bajo los focos. Es reconocer los logros de cada uno, ya sean grandes saltos o pequeños pasos, y aplaudir lo suficientemente alto como para que el otro pueda oírnos, sin importar la distancia.

Cuando nuestros pasos a menudo nos dispersan por todas partes, encontrar formas de sincronizarnos, respetar nuestros ritmos individuales y celebrar cada giro puede marcar la diferencia. Se trata de mantener la danza, de asegurarnos de que incluso cuando estamos separados, nos movemos juntos en armonía, paso a paso sincopado.

Navegar Juntos por la Frontera Digital

Los dos pasos para compartir contraseñas

En el gran baile de las relaciones, compartir contraseñas puede ser un do-si-do que los acerque o un paso en falso que los enrede. Es un baile que requiere confianza, respeto y un poco de coreografía para que salga bien.

1. **El vals de la confianza:** Para algunos, compartir las contraseñas es como abrir la agenda: es un signo de confianza y transparencia absolutas. Es una prueba de que no tienes nada que ocultar y de que estás dispuesto a compartir cada parte de tu vida con tu pareja.
2. **El paso en falso de los recelos:** Sin embargo, este baile puede torcerse rápidamente si uno de los miembros de la pareja se siente empujado a ello. Compartir contraseñas no debe ser como entregar las llaves del reino personal bajo coacción. Se trata de respeto mutuo, no de crear una correa digital.

Y como en todo buen baile, se trata de leer las señales de tu pareja. A algunos les gustará el gesto como señal de cercanía, mientras que otros lo verán como una invasión de la intimidad. La clave está en la comunicación, en entender los límites del otro y en bailar al mismo son cuando se trata de privacidad digital.

Elegir la pista de baile digital adecuada

Elegir las herramientas y aplicaciones que te ayuden a ti y a tu pareja a estar sincronizados es como elegir la música adecuada para el baile de vuestra relación. Quieres algo que les haga mover los pies y sentir el ritmo juntos.

1. **En sintonía:** Empieza por averiguar cuál es tu estilo de baile digital. ¿Prefieres enviar mensajes rápidos a lo largo del día o compartir momentos a través de calendarios compartidos? Las herramientas adecuadas se adaptarán a su ritmo de comunicación.
2. **Sincroniza tus pasos:** Tanto si se trata de llevar la cuenta de los aniversarios como de planificar la próxima escapada, busca aplicaciones que os permitan a ambos contribuir al baile. Se trata de que ninguno de los dos se pierda un paso o se sienta excluido.
3. **Privacidad en el Pas de Deux:** Asegúrate de que la plataforma que elijas respete la intimidad de tu dúo. Es como elegir una pista de baile en la que te sientas cómodo y seguro, lejos de miradas indiscretas.
4. **Evoluciona tu rutina:** Al igual que cambian los estilos de baile, también pueden hacerlo tus necesidades digitales. Muéstrate abierto a probar nuevas aplicaciones o herramientas que puedan mantener tu relación de baile fresca y en sintonía con los tiempos.

La delgada línea de la intimidad digital

Encontrar el equilibrio entre compartir y privacidad en el ámbito digital es una danza delicada. Se trata de avanzar juntos de una forma que respete tanto tu necesidad de conexión como tu espacio para la individualidad.

1. **La danza de la autonomía:** Aunque compartir puede acercarles, es importante recordar que todo bailarín necesita espacio para moverse. Respetar el espacio digital del otro es crucial para mantener un ritmo

de relación saludable.

2. **Ritmos voluntarios frente a ritmos forzados:** Compartir siempre debe sentirse como un paso voluntario en tu baile, no como algo forzado o coaccionado. Es la diferencia entre una pareja de baile que te guía suavemente y otra que te arrastra por la pista.

3. **Consentimiento coreográfico:** Discute y acuerda siempre lo que te parece bien compartir y lo que sigue siendo privado. Es como acordar movimientos de baile antes de pisar la pista, asegurándote de que ambos estáis preparados para los pasos que van a dar.

Establecer límites en el salón digital

Como en cualquier salón de baile, es importante saber dónde están los límites. En el mundo digital, esto significa establecer normas claras sobre lo que se puede *compartir* y lo que debe mantenerse *en privado*.

1. **Diálogo abierto:** Empieza con una conversación sincera sobre lo que *debes* y *no debes hacer* en el mundo digital. Se trata de sentar las bases para un baile que les siente bien a los dos.

2. **Respetar el espacio de baile:** Del mismo modo que no invadirías el espacio de otra pareja en la pista de baile, respeta la necesidad de intimidad digital de cada uno. Se trata de dejarse espacio para moverse libremente sin pisarse los pies.

3. **Adaptarse a la música:** A medida que evoluciona tu relación, también pueden hacerlo tus límites digitales. Mantener la conversación y estar dispuestos a ajustar nuestros pasos según sea necesario. Todo forma parte de mantenerse en sintonía para que la música nunca pare.

Al final, encontrar el equilibrio adecuado a la hora de compartir contraseñas y navegar juntos por el panorama digital consiste en crear un baile que sea adecuado para ambos. Es un baile basado en la confianza, el respeto y la comprensión mutua de los límites de cada uno, para garantizar que, cambie como cambie el mundo digital y su relación, sigan avanzando con elegancia.

Tejiendo Palabras para Calentar el Corazón

Encontrar las palabras adecuadas para salvar los cañones emocionales

En el paisaje del amor y la conexión, las palabras son los puentes que pueden salvar los cañones emocionales más anchos. La forma en que decidimos expresarnos a nuestros seres queridos puede acercarnos con la fuerza de un puente de cuerda que se mece con el viento o dejar huecos que resuenan con el frío de la incomprensión.

1. **El arte de ser abierto:** Compartir lo más profundo de nosotros mismos con palabras es como abrir las puertas de un jardín secreto. Es una invitación a explorar los paisajes más personales de nuestras almas, creando caminos hacia la intimidad que ninguna distancia física puede obstruir.
2. **Ecos de comprensión:** Las palabras adecuadas pueden ser como una brisa cálida, que lleva consigo comprensión y empatía. Tienen el poder de envolver a nuestros seres queridos en un abrazo de palabras, haciéndoles saber que no están solos en sus sentimientos o experiencias.
3. **Armonía en el conflicto:** Cuando las tormentas nublan el horizonte de nuestras relaciones, las palabras que elegimos son nuestras herramientas

de navegación más fiables. Dirigir los desacuerdos con un lenguaje que respete y valore la perspectiva de nuestra pareja puede llevarnos a las aguas tranquilas de la resolución y a un entendimiento más profundo.

Corazones digitales que se conectan

En la era en que las pantallas sustituyen a menudo a los rostros, expresar nuestras emociones digitalmente exige un toque de creatividad y una pizca de intencionalidad para transmitir de verdad lo que late en nuestros corazones.

1. **En la comunicación digital, cada palabra cuenta dos veces:** Seleccionar nuestras palabras con cuidado puede pintar un cuadro claro de nuestras emociones, haciendo que el mensaje del corazón resuene incluso sin el acompañamiento de la presencia física.
2. **Emojis como puntuación emocional:** Los emojis, cuando se utilizan con ligereza, pueden salpicar nuestras conversaciones digitales de señales no verbales, ofreciendo atisbos de las emociones que se esconden tras nuestras palabras.
3. **Signos de puntuación que hablan por sí solos:** El humilde signo de puntuación puede gritar entusiasmo o susurrar incertidumbre, ayudando a transmitir el tono y el tempo de nuestros diálogos digitales.
4. **Compartir más allá de las palabras:** A veces, las emociones desbordan los límites del vocabulario. Compartir imágenes, canciones o vídeos puede añadir capas a nuestras expresiones digitales, tejiendo un tapiz más rico de conexión.

La expresión del corazón creativo

Abrir la bóveda de la creatividad que llevamos dentro puede transformar nuestra forma de expresar amor, cariño y comprensión. A través de la poesía, los cuentos o el arte, podemos articular los matices de nuestras emociones, invitando a nuestros seres queridos a una experiencia compartida de belleza y expresión.

1. **Preparar el terreno para la creatividad:** Fomentar un entorno en el que se aprecie la creatividad en la expresión nos anima a nosotros y a nuestros seres queridos a explorar y compartir nuestro mundo interior con confianza y alegría.
2. **El tapiz de la individualidad:** La voz creativa de cada persona es tan única como su huella dactilar. Celebrar estas diferencias enriquece el espacio compartido de nuestras relaciones, pintándolo con los vibrantes colores de nuestras distintas perspectivas y experiencias.
3. **Una sinfonía de experiencias compartidas:** Los proyectos creativos en colaboración pueden actuar como una danza de dos almas, una mezcla armoniosa de experiencias individuales. Expresiones que dicen mucho de la profundidad de la conexión y el entendimiento.

Superar los obstáculos de las conversaciones sinceras

Navegar por las aguas de la expresión emocional no está exento de dificultades, pero con una brújula de empatía y comprensión, podemos trazar un rumbo que profundice la conexión y fomente el entendimiento mutuo.

1. **Sintonizar con lo que no se dice:** La escucha activa, con los oídos atentos a los silencios entre palabras, nos permite oír los mensajes no expresados del corazón, potenciando la empatía y la conexión.
2. **La calma en las tormentas emocionales:** Regular nuestras respuestas emocionales nos permite abordar las conversaciones con una claridad que ilumina en lugar de oscurecer, tendiendo puentes donde podrían haberse formado muros.
3. **Preguntas que abren puertas:** Hacer preguntas abiertas puede ser como girar una llave en una cerradura, abriendo puertas a una comprensión más profunda y a la exploración mutua de pensamientos

y sentimientos.

4. **Adaptarse al lenguaje del otro:** Reconocer y respetar las formas únicas de comunicarse de nuestros seres queridos puede allanar el camino de las conversaciones, alineando nuestras expresiones emocionales con su comprensión.

Al fin y al cabo, el esfuerzo para acortar las distancias emocionales con palabras es un testimonio del poder de la comunicación para alimentar el amor y la conexión. Se trata de encontrar el valor para ser vulnerable, la creatividad para expresarse con profundidad y la paciencia para escuchar a fondo, garantizando que, a pesar de la distancia, nuestros corazones permanezcan siempre entrelazados.

Capítulo IV

Afrontar verdades inconfesables: Afrontar de frente los grandes problemas

Relación Perfil

Olivia y Charles

En el suave resplandor de la pantalla del ordenador que iluminaba su despacho de Miami aquella noche, el corazón de Charles se hundió al hacer un inquietante descubrimiento. A pesar de la promesa de conexión de la era digital, se enfrentaba a una barrera inesperada: Olivia, su novia a distancia desde hacía dos años que vivía en España, le había bloqueado de repente en todos sus perfiles de las redes sociales. Los iconos que antes le llevaban a sus pensamientos, fotos y actualizaciones se habían convertido en callejones sin salida. Fue una frialdad digital que le dejó desconcertado y dolido.

Sin embargo, Charles no dejaba que sus emociones le nublaran el juicio. Comprendía que la ira sólo aumentaría la distancia entre ellos. En lugar de eso, optó por abordar la situación con calma y mente abierta. Habían construido su relación sobre la base de la confianza y la comunicación, y creía que éste era sólo otro obstáculo que podrían superar juntos.

Al día siguiente, Charles y Olivia tuvieron su videollamada diaria, y Charles abordó el tema con delicadeza, con voz firme pero llena de preocupación. "Me he dado cuenta de que me has bloqueado en tus redes sociales", le dijo, observando atentamente su reacción. "Quiero saber por qué. ¿Hay algo que haya hecho que te haya molestado?".

Los ojos de Olivia se encontraron con los suyos, llenos de sorpresa y alivio. Había previsto una tormenta, pero la calma de Charles era un bálsamo. Olivia respiró hondo y sus ojos se encontraron con los de él. La vulnerabilidad que vio allí lo desarmó. "No eres tú, Charles. Es… mi familia". Hizo una pausa, reflexionando. "Mi primo, del que te hablé y que está pasando por un duro divorcio, ha estado espiando mis perfiles en las redes sociales. Ha estado usando lo que ve para crear drama, tergiversar las cosas fuera de contexto. No quería que nuestros momentos, nuestras fotos, formaran parte de eso. Pensé que si te bloqueaba, sería menos probable que él las viera a través de amigos comunes".

Charles se sentó, procesando sus palabras. Lo invadió una mezcla de emociones: alivio, compasión y frustración, no hacia Olivia, sino hacia la situación.

"Olivia, ojalá me lo hubieras dicho antes", dijo Charles con dulzura. "Podríamos haber encontrado una solución juntos".

Los ojos de Olivia empezaron a brillar. "Lo sé. Lo siento. Intentaba protegernos, proteger nuestra burbuja. No quería que la toxicidad nos tocara. Pero ahora veo que debería haber hablado contigo".

Charles hizo una pausa y sonrió antes de decir: "No pasa nada. Entiendo por qué lo hiciste. Mantengamos abiertas las líneas de comunicación, ¿de acuerdo? No importa lo que sea, podemos afrontarlo juntos".

Olivia asintió y le devolvió la sonrisa. "Juntos", repitió, rompiendo la tensión.

Mientras discutían cómo afrontar la situación, Charles sintió que su relación de pareja se renovaba. Hablaron de crear un álbum privado compartido en el que pudieran seguir colgando fotos y recuerdos sólo para ellos, lejos de miradas indiscretas. Era una solución sencilla que reforzaba su vínculo.

Al final, lo que podría haber sido un malentendido que abrió una brecha entre ellos se convirtió en un testimonio de la fortaleza de su relación. Subrayó la importancia de la confianza, la comunicación y de afrontar los retos en equipo. Cuando salieron de la cafetería, cogidos de la mano, Charles y Olivia estaban más unidos que nunca, listos para enfrentarse a lo que el mundo les deparara.

Desentrañando el Camino Claro a Través de los Espesos de las Redes Sociales

Reunámonos alrededor de la fogata digital para un cuento tan antiguo como el tiempo, o al menos tan antiguo como las redes sociales. Imagina que estás navegando por los altos mares del amor, pero hay un inconveniente: es un viaje a larga distancia. Tú y tu pareja son como barcos en la noche, sus compases guiados por las estrellas de las historias de Instagram y los mensajes de WhatsApp.

Pero, ¿qué sucede cuando uno de ustedes decide arriar las velas y oscurecerse, bloqueando u ocultando sus latidos digitales el uno al otro? Es como de repente encontrar que tu faro en la noche ha desaparecido, dejándote a la deriva en el mar de la duda y los celos.

En estos romances a larga distancia, las redes sociales no se tratan solo de compartir memes y lo que cenaste. Es el lazo de vida que une los dos mundos. Así que, cuando esa conexión se corta, no es solo un pequeño contratiempo; es una tormenta que se avecina en el horizonte. Es como si uno de ustedes de repente decidiera llevar una capa de invisibilidad, dejando al otro preguntándose, "¿De qué se está escondiendo?"

Este acto puede generar un remolino de inseguridad, haciéndote preguntar si tu pareja es la misma persona en tus chats como lo son en sus Reels para otros. "¿Está contando una historia diferente a otros de lo que me cuentan a mí? ¿Por qué lo haría?"

Imagina que formas parte de la vida cotidiana del otro, compartiendo los detalles y tonterías que componen tu día. Pero cuando uno comienza a cerrar puertas en la vasta mansión de las redes sociales, se siente como si te dejaran fuera en el frío, preguntándote si tu RSVP a la relación se perdió en el correo. Este acto de silencio digital repentino puede avivar las llamas de los celos, haciendo que esas millas se sientan aún más largas.

Pero no temes! Porque para cada problema bajo el sol, hay una solución, o al menos una manera de mejorarla. La clave? Un buen diálogo a la antigua: *hablarlo.* ¿Por qué se cerró la puerta digital? ¿Qué temores o dudas se esconden detrás de ella? Se trata de poner tus cartas sobre la mesa, boca arriba, y tratarlas juntos. Tienen que acordar las reglas del juego en cuanto a vuestros mundos en línea, asegurando que nadie se sienta excluido.

Estar en diferentes códigos postales o continentes no significa que vuestros corazones necesiten estar a millas de distancia. Se trata de encontrar maneras de cerrar esa brecha, asegurando que el mundo digital les acerque, no que les separe. Así que, agarra a tu pareja para una conversación digital *corazón a corazón*, y naveguen juntos por esas aguas turbulentas. Después de todo, los barcos más fuertes son los que enfrentan las tormentas juntos, incluso si esas tormentas se gestan en la nube (juego de palabras intencionado).

Amplificación de la Inseguridad y los Celos

Hablemos un poco sobre algo que agita el caldero en estos cuentos de amor modernos: cuando uno de los enamorados decide cerrar la puerta del granero de sus redes sociales, dejando al otro fuera en el frío. Es una manera segura de hacer que el monstruo de los ojos verdes haga una visita, especialmente cuando amas a distancia.

Aquí está el porqué:

1. **Falta de Reaseguro Físico:** Imagina que estás enamorado de alguien, pero está tan lejos como la luna. Las redes sociales son como tu telescopio para ver qué está haciendo en ese mundo distante. Ahora, si cierran las cortinas y no puedes ver nada, tu imaginación podría empezar a cocinar historias más salvajes que una novela barata: cuentos

de ojos errantes o afectos que se enfrían.

2. **Aumento de la Dependencia en la Confianza Digital:** En una historia donde tu amor es solo una cara pixelada en una pantalla, la confianza es tan preciosa como la lluvia en una sequía. Si comienza a ocultar partes de su vida digital, es como decir que el pozo se está secando. Empiezas a preguntarte qué está escondiendo en las sombras, lo cual puede plantar rápidamente semillas de duda y celos.

3. **Interpretación de la Intención:** Sin la oportunidad de discutir las cosas cara a cara, ser bloqueado, o si las cosas se ocultan repentinamente, puede sentirse como una bofetada con un pescado frío, dejándote preguntándote si está señalando que se avecina una tormenta. Es fácil empezar a pensar que quizás su corazón está vagando o está tramando algo malo, convirtiendo una preocupación menor en una montaña de celos.

En el baile del amor, especialmente cuando bailando en salones de baile diferentes y lejanos, cada paso y tropiezo se magnifica. Mantener las líneas de comunicación abiertas y claras es vital, porque al final, todos estamos tratando de mantener el paso unos con otros, sin importar cuán lejos estemos.

Estrategias para la Mitigación

En el gran rodeo del amor, especialmente cuando tu dulce amor está a un *ping* o texto de distancia en lugar de al alcance del brazo, hay algunas formas probadas y verdaderas de mantener al monstruo de los ojos verdes a raya. Vamos a recorrerlas:

1. **Comunicación Abierta:** El primer paso para evitar malentendidos es tener una conversación al respecto. **Sí, ¡*hablar!*** Si estás pensando en hacer un Houdini en tu presencia digital, siéntate y explica por qué. Se trata de ser tan claro como el cristal, asegurando que ninguno de los dos se quede adivinando qué está haciendo el otro en la frontera de las redes sociales.

2. **Establecer Límites *Juntos*:** Aquí es donde ambos trabajan juntos para esbozar el mapa de lo que ***se debe*** y ***no se debe*** hacer en las redes sociales. Acordar lo que es juego limpio y lo que está fuera de límites puede ayudar a evitar cualquier acción que pueda suscitar celos o desconfianza.

3. **Reaseguro Regular:** De vez en cuando conviene enviar un mensaje o dos que diga: "Oye, todavía estoy completamente involucrado." Un poco de reaseguro va un largo camino, especialmente después de haber hecho un movimiento que podría levantar cejas. Mantener la conversación sobre cómo te sientes y el estado de tu relación puede mantener la confianza tan sólida como una valla bien construida.

4. **Comprensión y Empatía:** Recuerda, a veces navegar una relación a larga distancia es más desafiante que un laberinto en la oscuridad. Las millas pueden hacer que el corazón se encariñe más, pero no hacen las cosas más fáciles. Mostrar un montón de comprensión y empatía hacia las preocupaciones e inseguridades del otro puede ayudar a suavizar cualquier aspereza.

Dado nuestra profunda dependencia del mundo digital para mantener las llamas del afecto ardiendo a través de las millas, cualquier señal de "No Pasar" repentino en las redes sociales puede levantar una tormenta de celos. Avanzar juntos por estos pasos, con corazones y mentes abiertas, es clave para mantener vuestra historia de amor tan dulce como un pastel de manzana, no importa cuán amplia sea la brecha entre ustedes.

Desenredar La Mala Hierba de los Celos en Jardines Lejanos

Raíces en tierra lejana

En las relaciones a distancia, los celos suelen brotar de la tierra fértil de la ausencia. Sin el sol regular de la presencia física, las semillas de la duda pueden arraigar fácilmente.

Entre los cultivadores habituales de estos sentimientos de malestar se encuentran las enredaderas sinuosas de las interacciones en las redes sociales, la maleza sombría de las experiencias perdidas, el riego esporádico de la comunicación y el suelo rocoso de las inseguridades personales.

1. **La azada de doble filo de las redes sociales:** Observar las interacciones de tu pareja en las redes sociales puede ser como mirar por encima de una valla a una fiesta a la que no has sido invitado. Establecer límites claros en las interacciones digitales puede ayudar a evitar malentendidos y fomentar la confianza.

2. **Miedo a perderse algo - La plaga invisible**: No poder compartir la vida cotidiana de tu pareja puede provocar miedo a perderse algo, como ver desde lejos cómo otros disfrutan de una cosecha abundante. Cultivar canales de comunicación abiertos y encontrar formas de compartir las experiencias cotidianas puede ayudar a mitigar estos sentimientos.

3. **Las espinas de una comunicación escasa**: Cuando la comunicación se vuelve tan errática como el tiempo, el jardín de la relación puede empezar a marchitarse bajo el peso de la incertidumbre. Priorizar conversaciones regulares y significativas garantiza que las raíces de su relación se mantengan fuertes y sanas.

4. **Inseguridades: malas hierbas disfrazadas**: Las dudas sobre uno mismo o sobre la relación pueden crecer rápidamente como malas hierbas si no se controlan. Dedicarse al autocuidado y fomentar la confianza en uno mismo es similar al mantenimiento regular del jardín, que mantiene el paisaje del corazón sano y vibrante.

Puentes sobre aguas turbulentas

Las conversaciones constructivas sobre los celos, como la construcción de puentes sobre un arroyo crecido por la escorrentía primaveral, pueden conectar dos orillas separadas con más firmeza que nunca. Reconocer los celos como parte de la condición humana, en lugar de como una sombra que hay que ahuyentar, abre un claro para el crecimiento y una comprensión más profunda.

1. **Un hogar de confianza**: Imagina la confianza como un hogar construido a lo largo del tiempo, en el que cada acto de fidelidad e integridad se suma a sus cimientos. Este hogar da cobijo a ambos miembros de la pareja, proporcionándoles calor y seguridad incluso cuando las tormentas invernales de la duda soplan con fuerza.

2. **Sembrar semillas de comunicación**: Discutir abiertamente los sentimientos de celos, con un espíritu de curiosidad y no de acusación, siembra las semillas de un frondoso jardín de comprensión. Cada conversación nutre el crecimiento, ayudando a ambos miembros de la pareja a florecer.

3. **Cultivar un jardín de autorreflexión**: Explorar la maleza del propio corazón en busca de las raíces de los celos exige valor y compro-

miso, como cuidar un jardín que requiere cuidados constantes. Este viaje introspectivo puede conducir a praderas florecientes de autoconocimiento y crecimiento personal.

4. **Recoger los frutos del apoyo**: Apoyarse el uno en el otro, y posiblemente buscar la ayuda de un jardinero sabio en forma de terapeuta, puede ayudar a podar la espesura de los celos, permitiendo que la luz del sol llegue al suelo del bosque y fomente un nuevo crecimiento.

El ciclo de las estaciones

Al igual que un jardín atraviesa las estaciones, las relaciones también tienen sus periodos de crecimiento, cosecha y renovación. Aceptar el flujo y reflujo natural de las emociones, incluidos los celos, con paciencia y comprensión, garantiza que el jardín de tu relación siga siendo un paisaje vibrante y cambiante, rico en promesas de futuras flores.

Enfrentarse al Monstruo de Ojos Verdes en la Era Digital

Descifrando los ojos verdes

¿Alguna vez has sentido envidia al ver las bromas en línea de tu pareja con otra persona? Bienvenido a los celos digitales, un giro moderno de una vieja espina en las relaciones, sobre todo cuando se está mapeando el amor a través de los kilómetros. Es como intentar leer un libro al que le faltan la mitad de las páginas; tienes que rellenar los huecos y, a veces, la mente se te va por las ramas.

Esto es lo que hace saltar las alarmas:

1. **"Me gusta", comentarios y emojis:** Ver a tu pareja esparcir "Me gusta" y emoticonos por las publicaciones de otra persona puede ser como un pequeño pinchazo en el corazón.
2. **El juego de la espera:** Cuando los mensajes de texto quedan sin respuesta, y las llamadas perdidas, es como un lento baile con la duda. *¿Qué* les mantiene tan ocupados?
3. **¿Quién es *ese* amigo?:** La aparición de nuevos nombres en sus historias o etiquetas puede desencadenar una juerga detectivesca. Se trata de una charla inofensiva o de algo más?

4. **Celos instantáneos:** Las fotos de ellos pasándoselo en grande sin ti pueden provocar un cóctel de FOMO y envidia. Dónde encajas tú en sus momentos perfectos?

5. **La trampa de la comparación:** Los momentos estelares de las redes sociales hacen que sea fácil sentir que a tu historia de amor le falta algo de chispa. ¿Por qué no puede también merecen un hashtag?

6. **Ansias de cercanía:** La brecha digital hace que anheles que te toquen, y verles conectarse con otros en línea puede amplificar esos sentimientos de soledad.

¿El antídoto? Una buena charla. Hablar de estos dilemas digitales puede ayudar a suavizar las arrugas, asegurando que ambos estén en la misma página, aunque les separen kilómetros.

Dibujar líneas digitales

En el baile del amor digital, poner límites puede ayudar a mantener un ritmo suave y unos pasos elegantes. A continuación te explicamos cómo marcar los límites sin pisar los pies del otro:

1. **Háblalo:** Empieza con una charla sincera sobre lo que debes y no debes hacer en Internet. Se trata de entender lo que hace que el otro se *sienta cómodo* o *molesto*.

2. **Define las zonas prohibidas:** Explica qué está bien y qué no. Puede que se trate de reducir el número de ex conversaciones o de mantener los mensajes de texto limpios. Sea lo que sea, déjalo claro.

3. **Celebra la independencia:** Recuerda que es sano tener tus aficiones e intereses en solitario. Mantiene la relación fresca y les da a ambos historias que compartir.

4. **Planifique una cita en tiempo real:** Reserva momentos para los dos, lejos del ajetreo digital. Estos son los recuerdos que cuentan.

5. **Construir sobre la confianza:** Sé una fortaleza de confianza para el

otro, compartiendo y cuidando sin llevar la cuenta. La transparencia es tu mejor amiga.

6. **Evolucionen juntos:** A medida que ambos crecen, también lo harán sus límites digitales. Mantengan una conversación fluida y adáptense en marcha.

Al establecer estos parámetros, navegas por el mundo en linea como un dúo, asegurándote de que sus huellas digitales caminan una al lado de la otra.

Fomentar la confianza a través de los cables

Construir una fortaleza de confianza a la sombra de las dudas digitales requiere algunas herramientas en tu caja de herramientas para las relaciones. He aquí cómo mantener fuertes los cimientos:

1. **Hable claro:** Las líneas abiertas de comunicación son fundamentales. Comparte tus dilemas digitales y valida los sentimientos del otro. Se trata de encontrar soluciones juntos.

2. **Prepara el terreno:** Acuerda lo que está bien en Internet -desde las solicitudes de amistad hasta los emojis coquetos- y cíñete a ello. Unos límites claros facilitan las cosas.

3. **Genera confianza:** Plantéate compartir *algunas* contraseñas o tener una política de teléfono abierto. No se trata de fisgonear, sino de ser abierto.

4. **Ponte en su lugar:** La comprensión es mejor que los celos. Intenta ver el mundo digital desde su perspectiva.

5. **Desconectar para conectar:** Dedique tiempo a la tecnología para estrechar lazos. Se trata de calidad, no de cantidad.

6. **Manos amigas:** Si los celos digitales están sacando lo mejor de tu vínculo, no evites buscar ayuda profesional. Un pequeño empujón de un terapeuta puede arreglar las cosas.

7. **Reflexiona:** Tómate un momento de introspección. ¿Qué inseguri-

dades están alimentando los celos? Trabaja en ellas y verás cómo tu relación se fortalece.

Si entretejen estas estrategias en el tejido de su relación, podrán hacer frente a los celos digitales sin rodeos, garantizando que su historia de amor prospere en la era digital y más allá.

La Fina Danza de la Distancia : Navegar por los Conflictos con Gracia

Dominar el arte de la resolución de litigios

A veces, una relación a distancia no siempre tiene buen tiempo; a veces, puede volverse bastante tormentosa. Esto requiere unas habilidades esenciales para la resolución de conflictos, que sirven tanto de ancla robusta como de faro guía. Con estas habilidades, las parejas pueden capear cualquier tempestad, asegurándose de que su amor se mantiene a flote y se dirige hacia un horizonte lleno de comprensión mutua y armonía.

1. **Habla con el corazón:** En cualquier romance lejano es crucial hablar con honestidad, envuelta en amabilidad. Como si lanzaras una piedra a un estanque, tus palabras se propagan, así que haz que cuenten. Expresa tus sentimientos y pensamientos con claridad, utilizando el "yo siento" en lugar de señalar con el "tú siempre".

2. **La paciencia como brújula:** La distancia tiende a desdibujar las líneas y tergiversar los significados. Antes de sacar conclusiones precipitadas o dejar que las frustraciones se desborden, respira. La paciencia es tu aliada, te da tiempo para comprender antes de reaccionar.

3. **Encontrar el término medio:** Toda historia tiene dos caras, y en algún punto intermedio se encuentra la paz. El compromiso no consiste en

perder, sino en encontrar soluciones que respeten ambos corazones.

4. **La confianza como ancla:** La confianza es la base sobre la que se sustenta el amor a distancia. Se trata de creer en las intenciones del otro, incluso a kilómetros de distancia.

5. **Resuelve, no culpes:** Céntrate en la solución en lugar de obsesionarte con el problema. Colabora con tu compañero para desenredar los nudos sin culpar a nadie.

6. **Los límites son la clave:** Unos límites claros previenen las tormentas antes de que se produzcan. Habla de lo que está bien y lo que no, para asegurarte de que ambos navegan en la misma dirección.

7. **Acepta tus emociones:** Saber cómo te sientes y por qué es un faro a través de las disputas brumosas. Reflexiona sobre tus emociones y busca la empatía, comprendiendo los sentimientos de tu pareja tan profundamente como los tuyos propios.

8. **Apoyo en el horizonte:** A veces, para superar un conflicto se necesita una brújula externa. No rehúyas buscar orientación o asesoramiento para navegar por aguas turbulentas.

Elegir el canal perfecto para conversaciones sinceras

1. **Llamada de urgencia:** Si el asunto no puede esperar, opta por la comunicación directa y en tiempo real. Esto garantiza un intercambio y una resolución inmediatos.

2. **Asuntos complejos:** Para asuntos complejos que requieren una redacción cuidadosa, las formas escritas como correos electrónicos o cartas permiten una expresión reflexiva.

3. **Profundidad de las emociones:** Las llamadas cara a cara o por vídeo transmiten mejor las emociones, permitiendo que las señales no verbales enriquezcan la conversación.

4. **Asuntos confidenciales:** La privacidad es primordial en las conversaciones delicadas. Elige métodos de comunicación seguros y privados.

5. **Comodidad en la conversación:** Respetar los estilos de comunicación preferidos del otro, encontrando un terreno común que permita a

ambos expresarse libremente.

6. **Importancia de la accesibilidad:** Garantizar que ambas partes puedan utilizar fácilmente el medio elegido, evitando barreras a la comunicación.

7. **Para la posteridad:** Si mantener un registro es importante, opta por métodos que permitan rastrear y archivar fácilmente las conversaciones.

8. **Lazos culturales:** Honra las tradiciones y preferencias comunicativas de cada uno, enriqueciendo tu conexión a través de la diversidad.

La sabiduría de esperar: El periodo de reflexión

Tomarse un momento para respirar antes de empezar a discutir puede transformar las tormentas en brisas. Una pausa permite que se calmen los ánimos y surja la claridad, evitando palabras precipitadas que no se pueden deshacer. Se trata de dejar espacio para la reflexión, lo que permite abordar los conflictos con mesura y atención. Esta paciencia puede desentrañar emociones complejas, ofreciendo un camino más claro hacia la comprensión y la empatía.

El perdón: El camino hacia delante

El perdón no es sólo un acto de bondad hacia el otro; es un regalo para ti mismo. Se trata de liberar tu corazón del peso del resentimiento y allanar el camino hacia la paz. Al aceptar el perdón, te liberas para seguir adelante, dejando espacio para el crecimiento, la curación y una conexión más profunda.

1. **Acepta el momento:** Reconoce el dolor, pero no te obsesiones. La aceptación es el primer paso hacia la curación.

2. **Ponte en sus zapatos:** La comprensión genera perdón. Considera la perspectiva de tu pareja para fomentar la compasión.

3. **Abre tu corazón:** Comparte tus sentimientos y escucha los suyos. La comunicación sincera cura las heridas y repara los daños.
4. **Reflexiona en tu interior:** Asume tu papel en la danza del conflicto. La autoconciencia conduce al crecimiento y fortalece los vínculos.
5. **Suelte el resentimiento:** Deja ir la amargura. Aferrarse a ella sólo envenena tu paz.
6. **Vive el presente:** Céntrate en la belleza del presente y la promesa del futuro, en lugar de en las sombras del pasado.
7. **Apóyate en los demás:** A veces, la carga es demasiado pesada en solitario. Busca el apoyo de tus seres queridos o de profesionales para que te guíen a través de la niebla.
8. **Celebra la unión:** Recuerda por qué empezasteis este viaje juntos. Deja que el perdón sea el puente de vuelta al amor y la comprensión.

En la danza del amor a distancia, los conflictos no son más que pasos en la rutina. Con la comunicación, la paciencia, la confianza y el perdón como guías, navegar por estos desafíos se convierte en parte de la hermosa coreografía de su relación.

Capítulo V

Amor lo bastante ligero para flotar, lo bastante profundo para que no se lo lleve el viento

Aligerar la Carga con la Risa: El Arte de Mantener Ligero el Amor

El poder curativo del humor

El humor es como el sol en un día nublado: tiene el poder de aligerar los corazones y aliviar las cargas, lo que lo convierte en una herramienta indispensable en las relaciones, especialmente en las que se extienden a lo largo de kilómetros. La risa no sólo une las almas, sino que también actúa como bálsamo, aliviando las asperezas que la vida y la distancia provocan en las relaciones. El acto de compartir una carcajada libera esas deliciosas endorfinas que actúan como un antiestrés natural, reduciendo esas molestas hormonas del estrés y levantando el ánimo.

En el amor, encontrar momentos para reírse y reírse juntos puede tejer un vínculo más estrecho, salvando distancias no sólo de kilómetros, sino de momentos. Es un bálsamo en los momentos difíciles, añade una pizca de alegría y mantiene la conexión viva y vibrante. Además, el humor allana el camino para charlas más fáciles, permitiendo a las parejas navegar por los carriles complicados de la conversación con un poco más de facilidad y comprensión. Por lo tanto, recuerde poner un poco de humor en sus días: hace que el corazón se vuelva más cariñoso y la relación más fuerte.

El humor entre culturas

El humor, aunque es un lenguaje universal, tiene sus propios dialectos en las distintas culturas. Es como caminar por la cuerda floja: necesitas un equilibrio entre ingenio y sabiduría para asegurarte de que tus bromas fomentan la risa y no los malentendidos. He aquí una guía práctica para que el humor aterrice como es debido, sin importar las diferencias geográficas:

1. **Saber antes de bromear:** Entiende el trasfondo cultural de tu interlocutor antes de lanzarte al chiste. Este conocimiento ayuda a adaptar el humor para que sea inclusivo y agradable para ambos.

2. **Estereotipos fuera del escenario:** Evite el humor basado en estereotipos. Busca puntos en común que celebren momentos compartidos o intereses mutuos.

3. **Acepta el autodesprecio:** Un poco de humor autodirigido ayuda mucho a demostrar que no te tomas a ti mismo demasiado en serio.

4. **El comentario es tu amigo:** Si no estás seguro de cómo puede caer una broma, consúltalo con tu pareja. Así mantendrás los canales de comunicación abiertos y respetuosos.

5. **Cuidado con los límites:** El humor es subjetivo. Presta atención a las respuestas de tu pareja para navegar con sensibilidad por el terreno del humor.

6. **Aprender y reír:** Utiliza el humor como puerta de entrada para comprender los matices culturales de los demás. Es una aventura que trae consigo risas y carcajadas.

7. **Adapte sus cuentos:** Comparta historias o chistes que destaquen su vínculo único, enriqueciendo su conexión a través de la risa y la alegría compartida.

Elaboración de chistes internos

Los chistes internos son el apretón de manos secreto de las relaciones; son los remates privados de las experiencias compartidas que unen a las parejas con la risa. Estas bromas personales son los hilos que tejen un tapiz de buenos recuerdos y sonrisas compartidas. Surgen de esos momentos en los que "tenías que estar ahí" y se convierten en el pegamento que mantiene unida la narrativa de la relación.

Apreciar estas risas compartidas refuerza su vínculo y les recuerda el viaje que han recorrido juntos. Los chistes internos son un tesoro que significa que han construido juntos un mundo exclusivo en el que cada carcajada añade otra sonrisa, otra capa de conexión. Así que sigue coleccionando estos momentos: cada uno es una instantánea de alegría en el álbum de tu relación.

Risas en medio de los malentendidos

El humor, cuando se navega por las agitadas aguas del conflicto, puede ser como un bote salvavidas que ofrece un momento de respiro y la oportunidad de ver la situación desde una perspectiva menos tensa. Un chiste oportuno o una risita compartida pueden cortar la tensión, recordando a ambos el vínculo que comparten, más allá del conflicto. Es una forma de decir: "Estamos juntos en esto", que ayuda a suavizar los bordes del desacuerdo y abre la puerta a la resolución.

Sin embargo, esta herramienta requiere habilidad: el objetivo es aligerar el ambiente, no menospreciar los sentimientos o las preocupaciones. Se trata de encontrar un humor que levante el ánimo, que sirva de puente hacia el entendimiento y el respeto mutuo. Así pues, utiliza tu ingenio con sabiduría, dejando que te guíe de vuelta al otro, a través de la risa y las sonrisas compartidas, encontrando la paz en las pausas que aporta el humor.

Tejiendo una Colcha de Amor a Través de Hilos Diversos

Honrar las diferencias en nuestras conversaciones

Al igual que una colcha hecha de telas diferentes, nuestro mundo está cosido con diversas culturas, cada una con su propia forma de hablar, escuchar y comprender. Es esencial, en la gran colcha de la vida, reconocer y honrar estas diferencias en nuestras interacciones diarias. La ignorancia puede dar lugar a un mosaico de malentendidos, mientras que la conciencia y el respeto pueden crear una obra maestra de comprensión mutua.

Conocer los entresijos de los distintos estilos de comunicación no es sólo evitar los pasos en falso; es enriquecer nuestras relaciones, reforzar nuestros equipos y ampliar nuestros horizontes. Es una oportunidad para apreciar la amplia gama de expresiones humanas y aprender de la riqueza que aportan a nuestra mesa colectiva.

Construir puentes, no muros

Cruzar la brecha cultural en la comunicación es como embarcarse en una expedición: es una aventura que requiere curiosidad, paciencia y espíritu de descubrimiento.

Esta es tu brújula para navegar en este viaje:

1. **Comienza con una charla:** Sumérgete en discusiones sobre el tapiz cultural de cada uno. Pregunta, escucha y sumérgete en la comprensión sin emitir juicios.
2. **Comparte el viaje:** Ponte en el lugar del otro. Asiste a festivales, participa en tradiciones o simplemente comparte una comida. Estas experiencias compartidas son peldaños hacia la empatía y la conexión.
3. **Acepta el aula de la vida:** Considera cada encuentro cultural como una lección en la gran aula de la vida. Comparte tus historias y sé un alumno aplicado de las suyas. El aprendizaje es una vía de doble sentido que se nutre del respeto por los orígenes de los demás.
4. **Encontrar hilos comunes:** Busca los hilos universales que nos unen a todos. Los sueños, los valores o las risas compartidos pueden servir de puente sobre cualquier abismo cultural y recordarnos nuestra humanidad común.
5. **Lleva la empatía como un guante:** Cultiva un jardín de empatía y respeto por aquellos cuyas raíces culturales difieren de las tuyas. Reconoce las flores únicas que florecen de estas experiencias diversas.
6. **Desásete de los viejos prejuicios:** Mantente alerta ante los prejuicios que puedan nublar tu visión. Aborda cada conversación con el corazón abierto, dispuesto a desaprender y reaprender.
7. **Mantén encendida la llama de la curiosidad:** Deja que la curiosidad te guíe mientras exploras nuevos paisajes culturales. La voluntad de aprender y crecer puede iluminar los caminos más enriquecedores.

Celebración de las diferencias

Abrazar el caleidoscopio de culturas en tus relaciones es como celebrar un festival en honor del mosaico de la humanidad. Celebrar la diversidad no es sólo reconocer nuestras diferencias, sino deleitarse con la riqueza que aportan a nuestra historia común. Se trata de descubrir la belleza de las perspectivas contrastadas y tejerlas en el tapiz de nuestra vida en común.

Al invitar a la diversidad al corazón de tu relación, transformas cada conversación en una oportunidad de crecimiento, comprensión y alegría compartida. Esta celebración de las diferencias puede convertir lo ordinario en extraordinario, profundizando vuestro vínculo y pintando vuestro viaje compartido con vibrantes matices de comprensión y amor.

En la gran danza de la vida, elijamos abrazar cada paso con los brazos abiertos, celebrando las innumerables formas en que podemos conectarnos, comprendernos y amarnos.

Nuestro Lenguaje Secreto: Bromas Internas y Referencias Compartidas

Tejiendo un tapiz con nuestras propias palabras

Construir un léxico único, lleno de frases, chistes y referencias sólo entre nosotros, es como crear nuestro propio apretón de manos secreto. Es un tesoro de momentos y recuerdos compartidos que añade una capa de profundidad e intimidad a nuestro vínculo, ya sea con nuestra pareja, nuestros amigos o nuestros parientes. Este lenguaje especial es nuestro pequeño mundo, un rincón acogedor en el bullicioso universo donde sólo residimos nosotros.

Cómo cultivar nuestro propio jardín lingüístico:

1. **Desenterrar momentos compartidos:** Empieza recordando aventuras compartidas, momentos para reírse a carcajadas y aquellos que son exclusivamente "nuestros". Puede tratarse de películas o libros favoritos, o de aventuras espontáneas que se convirtieron en recuerdos entrañables.
2. **Plantar chistes internos:** Cultiva tu jardín con chistes que broten de esas experiencias compartidas. Busca situaciones o peculiaridades divertidas que puedas transformar en chistes internos o frases hechas.

3. **Siembra historias personales:** Tu jardín florecerá con historias de las aventuras juntos o de esos percances en solitario que se volvieron más graciosos con el tiempo. Estos relatos se convierten en las semillas de frases o referencias que florecen en sus conversaciones.

4. **Poda con juegos de palabras:** Afila tus tijeras y dale rienda suelta a tu creatividad con juegos de palabras y juegos de palabras relacionados con tus intereses o recuerdos comunes. Estos juegos de palabras añaden un elemento divertido e ingenioso a tu lenguaje secreto.

5. **Cultivar el crecimiento:** Recuerda que este jardín de palabras crece constantemente. A medida que caminéis juntos por la vida, brotarán nuevos recuerdos que se sumarán a vuestra colección de frases y chistes.

6. **Cosechar en la charla diaria:** Entreteje tu lenguaje secreto en tus bromas cotidianas. Estas frases y bromas se convierten en los hilos que refuerzan vuestro vínculo y demuestran que estáis en sintonía.

7. **Celebrar nuestras estaciones:** Marque los hitos y las ocasiones especiales con referencias de su léxico. Estos guiños a vuestra historia compartida pueden arrancar una sonrisa y calentar el corazón.

8. **Cuidar con esmero:** Cuando cultives este jardín, procura crear un espacio acogedor y respetuoso, para que tu lenguaje del amor florezca con belleza.

Nuestros lazos se estrechan

Nuestro léxico común no es sólo una colección de refranes extravagantes; es el bordado del tejido de nuestras relaciones. Es la prueba de las risas que hemos compartido, de los retos a los que nos hemos enfrentado y de los recuerdos que atesoramos. Cada palabra o frase es una puntada que nos acerca y crea un tapiz rico en historia y amor.

Este tapiz no es estático; es una obra de arte viva que crece con cada nueva experiencia. Al abrazar nuestra lengua compartida, no sólo celebramos nuestro pasado, sino que también sentamos las bases para todas las aventuras que nos esperan. Así que valoremos nuestra lengua secreta, porque es la melodía de nuestros corazones, el ritmo de nuestras risas y el eco de nuestro viaje juntos.

Un amable favor a pedir…

Hola, amigos que emprenden este viaje con *"Domina el Arte de la Comunicación"*.

¿Te has dado cuenta de que estás sentado encima de un tesoro de consejos para las conexiones de corazón a corazón? Tus experiencias son una luz para quienes navegan por el amor a larga distancia. Compartir tu viaje con este libro ayuda a guiar a otros.

¿Te preguntas si tu voz importa en esta interminable extensión digital? Por supuesto que sí. Cada historia de amor es tan distinta como un copo de nieve, y tu punto de vista puede ser el empujón que alguien necesita para dar un salto de fe en el amor.

Así que aquí va la gran pregunta: ¿podrías volver al lugar donde compraste el libro y escribir una reseña sincera? No es necesario utilizar códigos QR ni enlaces, simplemente regrese al sitio de compra y comparta tus opiniones. Tus opiniones no sólo guían a la gente hacia el libro, sino que también ofrecen una visión de su impacto en la vida.

Capítulo VI

Plantar sueños y cultivarse en los campos del descubrimiento

Relación Perfil

Alex y Jamie

La historia de Jamie y Alex se desarrolla como la clásica historia de amor que se ve sorprendido por los imprevistos de la vida. Cuando la carrera de Alex dio un salto que los situó en otra zona horaria, no sólo sus relojes se desincronizaron, sino también sus vidas. De repente, el reconfortante ritmo de sus intercambios diarios se desordenó, dejando un silencio donde antes llenaban sus días las risas y los susurros de amor. No se trataba de un pequeño contratiempo, sino de una prueba para su determinación, una cuestión que afectaba al corazón mismo de su relación.

Sin embargo, Jamie y Alex no lo vieron como un nubarrón, sino como una oportunidad de demostrar la fuerza de su vínculo. Desde el principio se dieron cuenta de que aferrarse a las viejas formas de comunicación era como intentar meter una clavija cuadrada en un agujero redondo; no funcionaría. Así que se arremangaron y diseñaron una nueva forma de estar conectados que respetara la nueva vida laboral de Alex y los compromisos de Jamie. Las videollamadas se convirtieron en su puente virtual, los mensajes de voz en sus cartas de amor y las citas virtuales en sus acogedoras veladas. Convirtieron el reto de la distancia en un lienzo para su creatividad a la hora de mantenerse conectados.

La confianza y la dedicación eran las divisas con las que comerciaban. Jamie tenía que confiar en que Alex mantendría encendida la llama de su relación, independientemente de la carga de trabajo. Alex, a su vez, se apoyaba en la comprensión y el apoyo de Jamie mientras navegaban por sus nuevas aguas profesionales. Era un baile de confianza, en el que cada paso requería una comunicación abierta y una fe inquebrantable en el compromiso del otro.

El viaje de Jamie y Alex a través de este mar de cambios pone de relieve una valiosa lección: la flexibilidad, la comunicación y la confianza no son sólo las anclas que mantienen firme una relación, sino los vientos que pueden impulsarla a nuevas cotas. Su voluntad de adaptarse, unida a la determinación de mantenerse emocionalmente en sintonía, no sólo les ayudó a superar los retos, sino que les acercó más, demostrando que el amor, cuando se cuida con esmero, puede florecer sin importar la distancia o el cambio.

Su historia es un faro para cualquier pareja que navegue por las agitadas aguas del amor a distancia, un recordatorio de que con la combinación adecuada de confianza, comunicación y una pizca de creatividad, cada reto es una oportunidad para estrechar lazos.

Empalmando Sueños: El Entrelazamiento de Ambiciones Compartidas

Crear juntos una visión

Crear una visión juntos no consiste sólo en fijar la vista en el horizonte, sino en tejer tus sueños en una colcha de "nosotros". Es como trazar un rumbo en un mapa compartido, con los dos miembros de la pareja dirigiendo el carro. Esta visión conjunta actúa como la estrella polar, guiándoos en los momentos difíciles y manteniéndoos enganchados al mismo poste. Así se reducen las disputas, ya que los dos están unidos y van en la misma dirección.

Cuando los compañeros trabajan juntos en el mismo campo, con el mismo objetivo, se crea un sentimiento de unión y trabajo en equipo. Es como saber que ambos cantan la misma canción, aunque uno esté en el campo y el otro en el porche. Es esta unidad de propósito la que puede convertir un viaje lleno de baches en un viaje digno de ser apreciado.

Reuniones periódicas

Comprobar periódicamente cómo van hacia esos sueños comunes es como sentarse y trazar los próximos movimientos en ese mapa compartido. Es el momento de compartir victorias, afrontar contratiempos y, lo más importante, asegurarse de que siguen enganchados al mismo carro.

Esta revisión periódica es esencial: es la grasa que mantiene las ruedas girando suavemente. Es una oportunidad para reajustar, reevaluar y volver a comprometerse, garantizando que a medida que cada uno de vosotros crece y evoluciona, seguís poniendo la vista en ese horizonte compartido.

Flexibilidad: El arte de doblarse sin romperse

La vida es como un río, siempre cambiante, y nuestros sueños y objetivos deben ser tan flexibles como un sauce junto al agua. La rigidez en nuestras aspiraciones puede llevarnos a la frustración, pero si aprendemos a dejarnos llevar por las corrientes, podremos navegar por los cambios de la vida con gracia y agilidad.

Ajustar las velas cuando el viento cambia de dirección no significa abandonar el barco, sino navegar con inteligencia. Es comprender que el viaje juntos es más el viaje que el destino. Cuando la vida da un vuelco, tener la agilidad de adaptar tus sueños comunes te garantiza que sigues remando en la misma canoa, aunque el curso del río haya cambiado.

Celebración de hitos: Marcar el mapa

Celebrar los hitos es como marcar el mapa con chinchetas, cada una de ellas testimonio del viaje recorrido juntos. Estas celebraciones son las hogueras en torno a las cuales se cuentan las pruebas, los triunfos y las historias de la travesía. Son recordatorios del terreno recorrido y combustible para el viaje que queda por delante.

Estos momentos de celebración son como las armonías de la canción de tu viaje, que enfatizan los momentos buenos, reconocen los malos y siempre avanzan. No son meros indicadores de progreso, sino los hilos que tejen la trama de vuestra narrativa compartida, convirtiendo los sueños individuales en una saga colectiva de "nosotros".

Así pues, a trazar un mapa de tus sueños, a celebrar consejos periódicos, a mantenerte ágil como un gato en una mecedora y a hacer una pausa para celebrar los hitos. Al fin y al cabo, son estos sueños y visiones compartidos los que cosen la colcha de retazos de una vida juntos, cada cuadrado una historia, cada puntada un recuerdo.

Convertir la Distancia en una Vía de Autodescubrimiento

Encontrarse a sí mismo en el silencio

Hay algo muy especial en los momentos de tranquilidad que nos regala la vida, sobre todo en las relaciones que se extienden a lo largo de kilómetros. Estos momentos de soledad no son sólo lagunas en la conversación, sino oportunidades de oro para la autorreflexión y el crecimiento. Es en estos espacios donde podemos estar a solas con nuestros pensamientos, profundizando en lo que somos y en lo que aspiramos a ser.

La soledad es como un espejo que nos muestra nuestro verdadero yo sin que el ajetreo empañe nuestro reflejo. Nos da la oportunidad de reflexionar sobre nuestras experiencias, emociones y los sinuosos caminos de nuestros pensamientos. Esta inmersión en nuestro mundo interior puede iluminarnos sobre nuestros deseos más profundos, nuestras creencias y el tejido mismo que nos hace únicos.

Además, un poco de tranquilidad hace maravillas para el alma y la mente. Es una oportunidad para recargar las pilas, reducir el desorden de nuestra mente y despejar el escenario para que salten nuevas ideas y soluciones. Y no olvidemos que a veces las chispas más creativas no saltan en el ruido, sino en el silencio que le sigue.

Intercambiar historias de crecimiento

Compartir con tu pareja las perlas de sabiduría que has recogido en tu viaje de autodescubrimiento hace maravillas para estrechar lazos afectivos. Es como abrir las puertas de tu santuario interior y hacerle partícipe de tus secretos en tu camino recorrido. Este intercambio de vulnerabilidades y victorias es el pegamento que refuerza el vínculo, tejiendo un tapiz de confianza y comprensión.

Al desnudar tus historias de crecimiento, invitas a tu pareja a pasear por tu jardín de cambios, mostrándole las flores de tus victorias y las malas hierbas que has tenido que arrancar. Es una celebración del devenir, un testimonio de la resistencia de tu espíritu y una invitación a que comparta su propia saga.

Animarse mutuamente

Apoyar las ambiciones y los sueños del otro es la piedra angular de cualquier relación próspera. Se trata de animarse mutuamente, de creer en el potencial del otro incluso cuando los obstáculos parecen insuperables. Este estímulo mutuo no sólo levanta el ánimo, sino que consolida una relación basada en el respeto y la admiración.

Es en el viaje hacia estas cumbres personales donde la relación encuentra su fuerza, con cada logro compartido y cada contratiempo afrontado juntos. Es un hermoso ciclo de crecimiento, en el que los triunfos de uno se convierten en los triunfos de ambos, enriqueciendo la relación con capas de comprensión y aprecio.

Armonizar el crecimiento personal y el compartido

Caminar por la cuerda floja entre cuidarse a uno mismo y cuidar el jardín de la relación puede ser un acto de equilibrio que merece la pena dominar. Se trata de dejar espacio para la reflexión personal y las aventuras compartidas, asegurándose de que ninguna de las dos se vea eclipsada.

El diálogo abierto es la clave: compartir sueños y navegar juntos hacia horizontes comunes, sin dejar de anclarse mutuamente durante las tormentas. Se trata de pintar un futuro compartido sin oscurecer los colores individuales que hacen que la obra maestra sea tan vibrante.

No olviden dedicar tiempo a esas chispas que mantienen viva la llama, ya sea una cita virtual o una carta sorpresa, y sepan que, al apoyarse mutuamente, los unos a los otros se sentirán como en casa. Así el uno apoyando el crecimiento del otro, los dos estarán tejiendo un vínculo más fuerte y hermoso.

Este capítulo no trata sólo de hacer las paces con la distancia, sino de utilizarla como trampolín hacia una conexión, una comprensión y un amor más profundos. Es un testimonio de que, a veces, estar separados no consiste en crear distancia, sino en construir puentes de crecimiento que se extienden a través del corazón.

Cuidar el Jardín del Yo en Campos de Larga Distancia

Bienvenida a las estaciones solitarias

Pensemos ahora en esos momentos en los que el teléfono está en silencio, sin que tu pareja diga ni pío. La vida tiene una forma curiosa de interponerse entre la gente, con su torbellino de tareas, giros inesperados y vueltas. En esos momentos de silencio, es útil tener un poco de paciencia, una pizca de comprensión y una línea abierta para cuando las palabras puedan abrirse paso.

Sentirse un poco solo sin la compañía habitual no es raro. Pero, aquí está el giro: estos tiempos son propicios para convertir la soledad en soledad, un tramo de oro para el autodescubrimiento. La soledad puede ser como estar sentado en un porche sin más compañía que tu sombra, mientras que la soledad es como pasear tranquilamente por tus vastos campos, conociendo cada rincón.

La soledad es el terreno en el que puedes echar raíces profundas, descubrir lo que te hace vibrar, qué sueños albergas y qué caminos podrías seguir. Es donde puedes desempolvar viejas aficiones o ensillar otras nuevas, donde tus pensamientos pueden vagar libremente sin estar acorralados por la conversación. Pero este tiempo de soledad no consiste sólo en llenar el silencio. Se trata de tomar un poco de conciencia de uno mismo, aprender a ser una buena compañía e incluso encontrar un poco de paz en el camino. Es una oportunidad para crecer de una forma que quizá no habrías notado si siempre hubieras sido como dos gotas de agua.

Un día a tu medida

Llenar tus días de actividades que desprendan tu propia alegría personal puede convertir un día "a solas" en algo especial. He aquí cómo organizar un día que sea todo tuyo:

1. **Planifica tu día**: Empieza por planificar lo que te propones, ya sea ponerte en forma, hacer manualidades o simplemente disfrutar de un poco de paz y tranquilidad. Un plan da a tu día una dirección y un propósito.
2. **Siembra semillas variadas**: No se limite a una sola parcela; diversifique su día con una mezcla de aficiones, uno o dos tramos de ejercicio y quizá incluso una o dos llamadas a personas que le hagan sonreír.
3. **Cosecha del autocuidado**: Prioriza un poco de mimo, sea cual sea la forma que adopte para ti. Es como regar tu propio jardín para asegurarte de que floreces como es debido.
4. **Mantente en contacto**: Incluso cuando vueles en solitario, lanza una línea para mantenerte en contacto con los de tu círculo. Una charla por aquí, una carcajada por allá… así mantendrás bien cuidadas tus relaciones.
5. **Probar nuevos cereales**: Salir de la comodidad puede dar lugar a descubrimientos apasionantes. Prueba un nuevo pasatiempo, saborea un plato que nunca haya cocinado antes o únete a una clase virtual. Nunca se sabe qué nuevos favoritos se pueden encontrar.
6. **Marcar hitos**: Controla tu crecimiento personal. Ver lo lejos que has llegado puede ser el viento que sople bajo tus alas y te impulse a alcanzar nuevas cotas.
7. **Flexibilidad**: Sé como un sauce, capaz de doblarse sin romperse. A

veces, la vida te da un revés y tienes que ajustar un poco tus planes. No pasa nada. Todo forma parte del baile.

Aprovechar la cosecha de la tecnología

Cuando los vientos de la soledad empiezan a aullar, la tecnología puede ser tu puerto de granero, protegiéndote de la tormenta. He aquí cómo:

1. **Unirse a la Subida al Granero Virtual**: Encuentra una comunidad en línea que comparta tus intereses. Es como encontrar tu rebaño, donde puedes descansar cómodamente y compartir algún que otro cacareo.
2. **En sintonía con las redes sociales**: Con un enfoque consciente, las plataformas sociales pueden ser una ventana para permanecer conectado, compartir un trozo de vida y mantener la conversación fluida.
3. **Aventurarse en campos de aprendizaje virtuales**: Gracias a la abundancia de cursos en línea, puedes surcar nuevos campos de conocimiento desde la comodidad de tu propia casa, ampliar tus conocimientos y tal vez incluso descubrir nuevas pasiones.
4. **Reunión en la hoguera virtual**: Organiza reuniones virtuales o únete a ellas. Puede ser un club de lectura, un círculo de manualidades o simplemente un grupo de amigos compartiendo historias y risas.
5. **Jugar en la Sala de Juegos Virtual**: Los juegos en línea pueden ser una forma animada de conectar, competir y compartir unas risas, todo ello a kilómetros de distancia.
6. **Buscando consuelo en la meditación digital**: Las aplicaciones de atención plena y meditación pueden ser un santuario para el alma, un rincón tranquilo en el mundo digital donde encontrar el equilibrio y la paz.

Aunque la tecnología ofrece un puente sobre aguas turbulentas, recuerde equilibrar esas conexiones digitales con la calidez de las interacciones en el mundo real. Una mezcla saludable mantiene tu suelo social bien nutrido.

Fomentar la fuerza propia

La independencia emocional no consiste en aislarse como un ermitaño. Se trata de aprender a mantenerte firme sobre tus propios pies, encontrar la fuerza en tu propia compañía y ser tu mejor amigo en los momentos de soledad. Esta confianza en uno mismo es la piedra angular de cualquier relación, ya que garantiza que te unes a los demás no porque lo necesites, sino porque así lo decides, con el corazón entero y una abundancia de amor para compartir.

Este viaje hacia la independencia emocional está empedrado de autorreflexión, una pizca de amor propio y un compromiso con el crecimiento personal. Se trata de comprender el paisaje de tu propio corazón, conocer tu valía y mantener tu fuego interior ardiendo con fuerza, incluso cuando la noche se oscurece.

Al fomentar esta fuerza interior, construyes un faro en tu interior que te guía a través de las tormentas de la vida y garantiza que, cuando os unáis, sea un encuentro de dos almas completas, dispuestas a compartir su luz.

Capítulo VII

El tango del corazón: Toques y susurros a través de los kilómetros

Mantenga la Llama del Amor Bailando con Citas Virtuales

Hacer magia juntos en la cocina

Planea una noche en la que los dos preparéis el mismo plato por videollamada, compartiendo risas e incluso alguna receta familiar secreta. Es una forma de mezclar amor y sabores, haciendo una comida que sabe mejor porque la habéis hecho juntos, a kilómetros de distancia.

Descifrar códigos en salas de escape virtuales

Sumérgete en un desafío de una sale de escape virtual, en el que cada uno será el compañero de crimen del otro, resolviendo rompecabezas y escapando de peligros imaginarios. Es el trabajo en equipo en su máxima expresión, demostrando que el amor no tiene límites, ni siquiera en el reino de los rompecabezas y los misterios.

De paseo por los museos virtuales

Cogidos del brazo, den un paseo digital por las salas de los mejores museos del mundo. Maravíllense ante el arte y la historia desde sus pantallas, pero a través de ojos compartidos, comentando sus hallazgos y aprendiendo juntos.

Batalla de ingenio en la noche del trivial

Entabla una competición amistosa con una noche de trivial en la que tus conocimientos sobre hechos aleatorios se conviertan en tu lenguaje amoroso. Ríete de las respuestas fallidas y aplaude las victorias compartidas, convirtiendo una noche de preguntas en una celebración de vuestra conexión.

Explorar el mundo desde el salón de casa

Embárcate en un viaje virtual a tierras lejanas, explorando calles y lugares emblemáticos a través de vuestras pantallas. Sueña con futuros viajes y aventuras, alimentando juntos vuestra pasión por los viajes.

Crear vínculos a través de los libros

Forma tu propio club de lectura para dos personas, sumergiéndote en historias y debates que abran nuevos mundos entre vosotros. Es una forma de compartir pensamientos y sueños, página a página.

Crear recuerdos

Elige un proyecto de bricolaje que puedan hacer juntos, compartiendo creatividad y artesanía más allá de la brecha digital. Es un recuerdo tangible de vuestro vínculo, algo que ambos hallan tocado y hecho, a pesar de la distancia.

Una noche de karaoke en la que se canta a pleno pulmón

Da rienda suelta a las estrellas que llevas dentro con una sesión de karaoke virtual, cantando baladas de amor o duetos que salvan las distancias. Risas, alegría y un poco de música para crear la canción de amor perfecta.

Avanzar juntos

Compartan una sesión de yoga o de ejercicio, manteniéndose sanos y conectados. Apóyense mutuamente en sus objetivos y celebren sus progresos, encontrando la fuerza en su esfuerzo común.

Disfrutar de un espectáculo a kilómetros de distancia

Acurrúquense en espacios separados, pero juntos de corazón, disfrutando de un concierto o de un espectáculo de comedia retransmitido por Internet. Es compartir risas y música, crear recuerdos que resuenan más allá de la pantalla.

Reavivar recuerdos

Recuerde fechas o lugares especiales recreándolos virtualmente. Tanto si se trata de una comida de una cita memorable como de volver a visitar lugares de vacaciones a través de fotos e historias, es una forma de mantener vivos los recuerdos y alimentar el amor con las alegrías del pasado.

El elemento sorpresa

Introduce alegrías inesperadas en tus citas virtuales. Una dedicatoria sorpresa de una canción, una aventura virtual imprevista o un juego misterioso que resolver juntos mantienen encendidas las chispas, demostrando que el amor prospera con la espontaneidad y la alegría de la sorpresa.

Reflexiones y retoques

Después de cada salida virtual, comparte lo que te ha gustado y lo que podría cambiar. Se trata de crecer juntos, retocando la receta de vuestro amor para que salga bien. Celebra las victorias, aprende de los tropiezos y espera siempre con impaciencia la próxima aventura.

Cuidar el Jardín del Corazón: La Importancia de las Revisiones Emocionales

Dedicar tiempo a las conversaciones sinceras

Al igual que regar un jardín hace que las flores florezcan, reservar regularmente tiempo para profundizar en el mundo emocional de cada uno es clave para mantener una relación vibrante y próspera. Estas conversaciones de corazón a corazón son el sol y la lluvia que alimentan la confianza, la comprensión y la intimidad.

Por qué es imprescindible:

1. **Fomenta la confianza y la franqueza**: Cuando te acostumbras a compartir tus sentimientos y a escuchar al otro, es como decir: "Este es un lugar seguro". Se construye un refugio donde los secretos no son necesarios y la honestidad es tan natural como respirar.

2. **Profundiza la intimidad emocional**: Compartir las emociones no es sólo desahogarse; es dejar que alguien vea tu verdadero yo. Esto acerca a las personas más que nunca, uniendo los corazones con hilos de vulnerabilidades compartidas.

3. **Suaviza los baches**: Habla de tus preocupaciones y problemas desde el

principio y descubrirás que la mayoría de las rencillas pueden cortarse de raíz antes de que se conviertan en peleas en toda regla. Se trata de despejar el ambiente antes de que se ciernan los nubarrones.

4. **Refuerza el bienestar mental**: Ser escuchado es como un bálsamo para el alma. En desahogarse, ofrecer apoyo y, a veces, el mero hecho de saber que alguien está ahí para escucharte es toda la ayuda que necesitas.

5. **Cultiva la empatía y la comprensión**: Ponte en el lugar del otro con estas charlas y verás cómo el viaje juntos se hace mucho más llevadero. La comprensión engendra paciencia, y la paciencia es una virtud que toda relación necesita.

Elegir las preguntas adecuadas

Hacer las preguntas adecuadas es como plantar semillas: hay que saber qué plantar y dónde para que crezcan mejor. Preguntas como:

1. ¿Qué sueños nuestros han alzado el vuelo, y cuáles seguimos alimentando para despegar?
2. ¿Puede contarme alguna vez en la que sintiera que éramos dos gotas de agua ?
3. ¿Qué puntos fuertes aportamos a nuestro equipo?
4. ¿Cómo podemos superar los desacuerdos y afinar nuestros pasos?
5. ¿Qué temores o dudas nublan a veces su cielo?
6. ¿Adónde cree que nos llevará nuestro viaje compartido?
7. En nuestra historia de amor, ¿qué aspecto tiene para ti la confianza?
8. Háblame de un momento en el que te sentiste abierto conmigo. ¿Cómo manejé tu confianza?
9. ¿Cantan nuestros valores personales en armonía, o hay algunas notas desafinadas que debemos abordar?
10. ¿Cómo podemos pulir nuestra comunicación para estar siempre en la misma onda?

El arte de *escuchar*

Escuchar *no consiste* sólo en guardar silencio mientras la otra persona habla; *consiste en* oírla de verdad. Se *trata* de comprender, no sólo de esperar a que su turno para hablar. Y validación: se trata de reconocer sus sentimientos como válidos, pase lo que pase. Es decir: *"Te veo, te oigo y lo que sientes me importa"*.

Satisfacer las necesidades emocionales

Sobre la base de estos sinceros chequeos, he aquí cómo pueden estar ahí el uno para el otro:

1. **Escucha con el corazón y el alma**: Demuestra que eres todo oídos, con toda tu atención puesta en ellos. Se trata de escuchar las palabras y las emociones tácitas que se arremolinan entre ellas.
2. **Valídalo con vigor**: Hazles saber que está bien sentirse como se sienten. Un simple *"lo entiendo"* puede ser la balsa que les mantenga a flote.
3. **Sé la roca del otro**: Ofrezcan apoyo, un hombro en el que apoyarse y palabras de ánimo. Sed la mano firme que les guíe a través de la tormenta.
4. **Dales espacio para respirar**: A veces, el mejor apoyo es darles espacio para que procesen sus emociones a su propio ritmo. Sé paciente.
5. **Afrontar juntos los problemas**: Utiliza estos chequeos como plataforma de lanzamiento para buscar soluciones a cualquier huracán emocional que se avecine en el horizonte.
6. **Fomente el autocuidado**: Anímense mutuamente a dedicarse tiempo al amor propio: es esencial para sobrellevar los altibajos emocionales.
7. **Mantén conversaciones fluidas**: Haga que estas revisiones emocionales sean tan regulares como el café de la mañana. La coherencia es la clave.
8. **Busca ayuda profesional cuando la necesites**: Si las aguas emo-

cionales se agitan demasiado, no hay que avergonzarse de pedir un salvavidas a un profesional.

Los chequeos emocionales son como la brújula que mantiene la relación navegando en la dirección correcta. Al abrir vuestros corazones el uno al otro, construís un amor que no se limita a sobrevivir a las tormentas, sino que prospera a través de ellas.

El Arte de las Caricias Tangibles en un Mundo de Clics y Toques

Envío de muestras de afecto

En esta era en la que un toque en una pantalla envía amor en bytes y bits, enviar algo que puedas tener en tus manos teje una especie de magia que la tecnología aún no domina. Una carta escrita a mano, un paquete envuelto con cariño o una baratija que susurre secretos compartidos transmiten una calidez que los emojis digitales no pueden igualar.

Por qué esto importa más de lo que cree:

1. **Un trabajo de amor**: Elegir, empaquetar y enviar algo especial demuestra que has invertido no sólo tus pensamientos, sino también tu tiempo. Es un testimonio del cuidado y la consideración con que envuelves y envías el regalo.
2. **Un momento de alegría**: Recibir un paquete o una carta es una sacudida de alegría que resuena más fuerte que cualquier notificación. Es una manifestación física de amor y consideración que puedes tocar, sostener y atesorar.
3. **Un ancla en el tiempo**: Estos recuerdos físicos se convierten en una especie de cápsulas del tiempo, lazos tangibles con momentos

y recuerdos que los mensajes digitales no pueden encapsular. Son recuerdos que se pueden volver a visitar y revivir.

4. **Acortar distancias**: En una relación en la que la distancia entre ustedes, estas fichas son como puentes construidos con papel y tinta, que atraviesan kilómetros para tocar corazones y manos.

Crear recuerdos compartidos

En un entorno en el que los recuerdos suelen vivir en la nube, anclarlos en el mundo físico les da peso. Las fotos que se pueden sostener, los diarios llenos de reflexiones conjuntas y los recuerdos de aventuras compartidas dan vida a estos recuerdos, haciéndolos más vívidos y viscerales.

La importancia de crear estos recuerdos compartidos y tangibles:

1. **Un toque de realidad**: Sostener una fotografía o leer un diario compartido ofrece una experiencia sensorial que no puede reproducirse recorriendo una galería. Es una forma de hacer tangibles los recuerdos.

2. **Conservar los latidos del corazón**: A diferencia de los archivos digitales, que pueden desaparecer con un clic, estos recuerdos físicos perduran. Son muestras de afecto que pueden transmitirse y contar historias de amor y risas.

3. **Un lienzo para la creatividad**: Crear juntos estos recuerdos es un acto de creatividad compartida, una forma de tejer hilos individuales en un tapiz de memoria colectiva tan único como vuestro vínculo.

El peso de las palabras sobre el papel

En un mundo repleto de notificaciones, el peso de las palabras escritas a mano sobre papel tiene una gravedad y una gracia que los mensajes digitales no pueden reproducir. Los remolinos de tinta, la presión de la pluma, las propias imperfecciones de cada letra... todo canta una canción de sinceridad y alma.

El poder contenido en un bolígrafo:

1. **Un toque personal**: Cada bucle y cada línea de escritura son únicos como una huella dactilar, un toque personal que contrasta con la uniformidad del texto mecanografiado.
2. **Un susurro a través del tiempo**: Las notas escritas a mano tienen la capacidad de retener el tiempo entre sus pliegues, un susurro del pasado que puede reconfortar y conectar sin importar cuánto tiempo haya pasado.
3. **Recuerdos del corazón**: Estas notas se convierten a menudo en tesoros, en recuerdos que llevamos cerca del corazón y que nos recuerdan el amor y el cariño que encierra cada palabra.

La alegría de las sorpresas inesperadas

La emoción de las sorpresas inesperadas, como una entrega que llega sin avisar o un gesto atento que surge de la nada, infunde una chispa de alegría a lo cotidiano. Es un recordatorio de que el romance no necesita una ocasión especial; el amor hace que cada momento sea especial.

Por qué brillan las sorpresas:

1. **Una chispa en lo ordinario**: Un regalo inesperado puede convertir un día mundano en una celebración, un recordatorio de que el amor prospera en lo inesperado.
2. **Pensamiento desenvuelto**: Estas sorpresas dicen: "Estoy pensando en ti", de una forma que alegra tanto el momento como el vínculo que compartís.
3. **Crear momentos para recordar**: Los recuerdos de estas sorpresas

perduran, puntos brillantes de alegría que se repiten en historias compartidas y sonrisas recordadas.

En una relación que se nutre de pantallas y teclados, el poder de los objetos físicos -esas muestras tangibles de afecto, los recuerdos compartidos plasmados en tinta y papel, y la alegría de las sorpresas inesperadas- sirve para recordar que el amor no sólo se siente en el corazón, sino que se tiene en las manos.

La Sal de la Vida: Sorpresa y Espontaneidad en el Amor

Llevar la alegría a lo cotidiano

Inyectar sorpresas en el ritmo de su relación es como echar un poco de especias a una receta antigua: transforma lo familiar en algo extraordinario.

¿Cómo se crean esos deliciosos momentos de sorpresa, ya sea a través de la magia de los servicios postales o de las maravillas del mundo digital?

1. **Curiosidades a medida**: Personaliza las sorpresas para que les hagan cosquillas. Puede ser un libro de un autor que adore o entradas para un concierto virtual de su grupo favorito.
2. **Misterio e intriga**: Mantenga la sorpresa en secreto con pistas enigmáticas que despierten su curiosidad, convirtiendo la anticipación en una aventura.
3. **Un momento impecable**: Deje caer su sorpresa como una dulce melodía en la tranquilidad: un regalo inesperado un martes cualquiera puede hacer que toda la semana sea dorada.
4. **Delicias digitales**: Aprovecha el poder de la web para enviar felicitaciones personalizadas en vídeo, listas de reproducción curadas o embarcaros juntos en una aventura de un sala de escape digital.

5. **Emociones temáticas**: Envuelve tus sorpresas en temas: una noche de maratón de películas de los 90 o una cita de trotamundos virtual pueden traer el mundo hasta la puerta de su casa.

6. **De la pluma al papel**: Incluso en las delicias digitales, una nota manuscrita puede tejer calidez en el tejido de la tecnología, recordándoles el toque humano que hay detrás de cada mensaje.

7. **A la caza de la felicidad**: Una búsqueda del tesoro, ya sea a través de las páginas de un libro o por los rincones de Internet, añade capas de diversión y expectación a la búsqueda de la sorpresa final.

8. **Regalos que no se acaban nunca**: Una caja de suscripción sorpresa puede ser un recordatorio mensual de su afecto, proporcionando alegría y expectación a partes iguales.

9. **Crear el momento perfecto**: El arte de la sorpresa reside en una planificación minuciosa, que garantice que la revelación sea tan alegre como la anticipación.

10. **Reflexión y conexión**: Después de la sorpresa, una conversación sincera sobre la experiencia profundiza la comprensión y los lazos, preparando el terreno para futuros placeres.

Caprichosos actos de amor

En el tapiz de la unión, a menudo son las puntadas espontáneas las que más destacan. Un repentino mensaje de "pensando en ti", una llamada inesperada sólo para escuchar su voz, son los hilos que fortalecen el tejido de la intimidad. En medio de la coreografía de la vida, un giro espontáneo o un chapuzón inesperado pueden recordarnos que el amor no sólo se encuentra en los grandes gestos, sino en los momentos tranquilos de imprevisibilidad que jalonan nuestros días. Estos caprichosos actos de amor nos recuerdan que piensan en nosotros, que nos aprecian y nos quieren, y que grabar recuerdos inolvidables en la narrativa de nuestras relaciones.

Aventuras digitales atrevidas

Embarcarse juntos en aventuras digitales es como navegar por aguas desconocidas codo con codo, con la emoción del descubrimiento palpitando en cada clic. Estos viajes virtuales ofrecen un lienzo para la creatividad, poniendo a prueba tu trabajo en equipo a través de puzles y desafíos, y dejándote con una sensación compartida de triunfo.

Esta incursión en lo desconocido digital no se trata sólo de las aventuras que se afrontan, sino de las historias que se tejen a través de cada reto compartido, cada risa y cada chocar los cinco triunfante a través de la brecha digital. Es un testimonio de que, incluso cuando no se está físicamente juntos, los espíritus pueden embarcarse en búsquedas épicas de conexión y camaradería.

Abrazar los momentos no programados de la vida

Celebrar la serendipia de la vida añade capas de riqueza y color al tapiz de tu relación. Es en las risas inesperadas, los bailes improvisados en el salón y las visitas sorpresa donde florece la esencia de la alegría y la espontaneidad.

La vida, al igual que el amor, se nutre de lo inesperado. Al acoger estos momentos imprevistos con los brazos abiertos, descubrimos la belleza de vivir entrelazada con el amor. Es un recordatorio de que, aunque planifiquemos el viaje, son los desvíos inesperados los que a menudo nos llevan a los destinos más memorables.

En un mundo que se mueve a la velocidad de un clic, son estos momentos de sorpresa y espontaneidad los que nos ralentizan y nos recuerdan que debemos saborear la belleza del presente y apreciar la maravilla del viaje que compartimos con nuestros seres queridos.

Capítulo VIII

Tejer el futuro con hilos de celebraciones y planes

Relación Perfil

Petr y Mia

A pesar de los kilómetros que los separaban, Mia y Petr se esforzaron por mantener viva la llama de su relación celebrando no sólo sus propias fechas especiales, sino también las de sus familias. Esta práctica se convirtió en la piedra angular de su relación, reforzando su vínculo emocional y sus valores compartidos a lo largo de los años de su viaje a larga distancia.

Cumpleaños, aniversarios e incluso pequeños hitos, como ascensos laborales o logros académicos, se celebraban con gestos atentos, mensajes sinceros y, a veces, fiestas virtuales sorpresa en las que participaban familiares y amigos. Esta atención al detalle y la voluntad de hacer todo lo posible por los demás demostraban un profundo nivel de cariño y compromiso que no sólo sentían ellos, sino también sus familias.

Sus celebraciones eran creativas y atentas, a menudo planeadas con semanas de antelación. Por ejemplo, para el 80 cumpleaños de la abuela de Mia, Petr se coordinó con su familia para entregarle un ramo de sus flores favoritas y un montaje de vídeo en el que los miembros de la familia compartían su cariño y sus mejores deseos, con un sentido mensaje de Petr como colofón. Del mismo modo, Mia organizó una retransmisión por Internet del gran partido del equipo de fútbol favorito de Petr, con aperitivos y decoración virtuales, cuando él no pudo ir a casa a verlo con sus amigos. Estos gestos, grandes y pequeños, los mantuvieron profundamente conectados al mundo del otro, haciendo que su distancia física pareciera inconsecuente.

Lo que hizo que sus celebraciones fueran realmente especiales fue la forma en que incorporaron elementos de las culturas y tradiciones de cada uno, fomentando una relación mutua de respeto y aprecio que iban más allá de su relación con sus familias. Tanto si se celebraba el Día de Acción de Gracias con la familia estadounidense de Mia como el Día de Santo Tomás con la herencia checa de Petr, cada ocasión era una oportunidad para conocer y adoptar las costumbres de los demás, creando nuevas tradiciones en el camino.

A través de estas celebraciones, Mia y Petr consiguieron mantener su pasión y su vínculo emocional y tender un puente entre sus familias, sentando las bases de un futuro unidos. Cuando por fin llegó ese momento, se sintieron mucho mejor. Su historia ilustra cómo dedicar tiempo y esfuerzo a celebrar fechas especiales, grandes y pequeñas, puede desempeñar un papel fundamental en el fortalecimiento de una relación, haciendo de cada hito un testimonio de su amor y dedicación mutuos, a pesar de las dificultades que plantea la distancia.

Hilos Tejidos de Alegría: Celebraciones Virtuales en los Lazos Familiares

Generar placer a través de la brecha digital

El acto de tejer juntos momentos compartidos de alegría, incluso a kilómetros de distancia, subraya la resistencia y la profundidad de nuestras conexiones.

He aquí un plan para infundir una pizca de sorpresa y una cucharada de creatividad a esas reuniones virtuales que unen corazones:

1. **Hechos con mimo**: Personalice sus sorpresas digitales alineándolas con el arco iris de sus pasiones. Ya se trate de la melodía de una canción querida o de un paseo virtual por una galería de arte, haz que resuene con su espíritu.
2. **Velo de misterio**: Deja que la expectación baile en el aire. Una pista enigmática o un rompecabezas divertido añaden capas de emoción, haciendo que la revelación final sea aún más deliciosa.
3. **El tango del tiempo**: A veces, el capricho inesperado de un martes puede dar más alegrías que una extravagancia de fin de semana. Deja que la espontaneidad guíe tu calendario.
4. **Delicias digitales**: En el reino de los *bits* y los *bytes*, un mensaje de vídeo sincero, una lista de reproducción seleccionada con cariño o una

aventura en línea pueden tejer la magia de lo mundano.

5. **Hilos temáticos**: Envuelva sus reuniones digitales en temas que despierten la chispa de alegría. Desde anécdotas de antaño en una noche de cine hasta la camaradería de un enfrentamiento virtual, deja que los temas preparen el terreno.

6. **El calor de la pluma**: En medio del resplandor de las pantallas, el tacto de la tinta sobre el papel transporta el calor de tu corazón directamente al suyo, recordándole la profundidad de tu cariño.

7. **Una búsqueda del deleite**: Una búsqueda del tesoro por las páginas de sus historias compartidas puede convertir la búsqueda de su sorpresa en un viaje por los recuerdos.

8. **Alegría continua**: Una suscripción sorpresa extiende el hilo de su consideración, entregando paquetes mensuales de alegría y anticipación.

9. **Anticipación artesanal**: El arte de la sorpresa reside en una planificación meticulosa, que garantice que cada revelación sea una explosión de alegría y asombro.

10. **Armonía reflexiva**: Después de la sorpresa, las reflexiones compartidas profundizan los matices de su conexión, pintando un cuadro más rico de su viaje compartido.

Susurros de espontaneidad

En el ritmo de la rutina, esos mensajes de afecto improvisados o la llamada inesperada para compartir una risa sirven como susurros de espontaneidad, que nos recuerdan la alegría de lo inesperado. Estos gestos son los destellos que iluminan lo ordinario, grabando momentos de alegría inesperada en el lienzo de nuestras relaciones.

Abrazar lo inesperado no sólo refresca el espíritu, sino que también teje momentos de pura alegría y conexión en el tejido de nuestra vida cotidiana. Estos gestos espontáneos son las pinceladas que tiñen nuestras relaciones de vitalidad y calidez, recordándonos que en el corazón de cada día reside el potencial de algo extraordinario.

Viajes a la virtualidad

Embarcarse juntos en expediciones digitales es como navegar en aguas desconocidas, cada clic es un paso hacia nuevos territorios de conexión y la camaradería. Estas aventuras virtuales, ya sean salas de escape que ponen a prueba tu ingenio o misiones que ponen a prueba tu trabajo en equipo, son los crisoles en los que se forjan vínculos más fuertes.

Estas incursiones digitales no sólo tratan de los retos superados, sino de las risas compartidas, los triunfos y el vínculo tácito que se hace más fuerte con cada victoria compartida. Son un testimonio del poder de la colaboración y del vínculo inquebrantable que se forma cuando exploramos juntos nuevos horizontes.

La belleza de lo imprevisto

En el collage de la vida, son los hilos imprevistos los que a menudo aportan más color. Celebrar las serendipias, los momentos inesperados que provocan una carcajada, una sonrisa compartida o una aventura espontánea, nos recuerda la belleza de vivir auténticamente juntos.

Los momentos más memorables de la vida suelen surgir sin guión, de lo espontáneo y lo inesperado. Al aceptarlos, tejemos un tapiz de conexiones más rico y colorido, lleno de risas, amor y la verdadera esencia del compañerismo.

Despedidas y Bienvenidas: Trenzar Conexiones Mediante Despedidas y Saludos Virtuales

Despedidas con sentido

En la gran maraña de nuestras interacciones digitales, encontrar la forma de separarnos de forma significativa después de un encuentro virtual es tan importante como los saludos. Se trata de enhebrar la delgada línea que separa la alegría de la conexión del dolor de la distancia.

He aquí cómo podemos hacer que esas despedidas digitales no sean sólo un adiós, sino un suave puente hacia nuestro próximo encuentro:

1. **Rituales de despedida**: Elaborar un ritual de despedida propio de tu relación puede convertir un simple final en un momento memorable. Quizá sea terminar con un chiste compartido, una promesa o una canción en particular, algo que diga: "Esto no es un final, solo una pausa".

2. **Anclarse en el corazón**: Establece un gesto de cierre que se sienta como un cálido abrazo a través de la brecha digital. Ya sea un sorbo de café sincronizado, una respiración profunda colectiva o un saludo con la mano que transmita todos los "te echo de menos" no dichos,

conviértelo en tu firma de despedida.

3. **El próximo capítulo**: Antes de despedirte, graba la promesa de futuras conversaciones. Fijar una fecha para la próxima cita virtual ofrece a ambas partes un faro brillante al que mirar con ilusión, un recordatorio de que esta la despedida es sólo temporal.

4. **Despedidas con alma**: Una despedida personalizada puede marcar la diferencia. Puede ser una cita que hable del momento, un deseo sincero o la planificación de una deliciosa sorpresa para su próxima reunión, cualquier cosa que le dé un poco más de calidez a su despedida.

Reencuentro

Mientras navegamos de vuelta a través del mundo digital, la creación de ceremonias en torno a nuestros reencuentros puede aportar un poco más de magia a estos preciosos momentos:

1. **Ceremonia de bienvenida**: Da el pistoletazo de salida a tus reuniones virtuales con un ritual que señale un cálido abrazo. Brinde por su unión con su bebida favorita, encienda una vela para simbolizar el calor compartido o comience con un momento de gratitud por estar "juntos" de nuevo.

2. **Espacios compartidos**: Sumergirse en experiencias compartidas, como preparar juntos una nueva receta, explorar un paisaje virtual o empezar la llamada bailando su canción favorita, puede transformar una simple puesta al día en una aventura.

3. **Hilos de reflexión**: Entretejer momentos de atención plena o reflexiones sobre el camino recorrido desde tu última reunión añade profundidad a tus reuniones digitales. Comparte algo que hayas aprendido, un momento de alegría que hayas vivido o un reto que hayas superado.

4. **Rituales re-imaginados**: Cada reunión es una oportunidad para fortalecer su vínculo. Inventen nuevos rituales o tradiciones que evolucionen con su relación, asegurándose de que cada reunión virtual

sea una celebración única de su conexión.

Navegar por el punto intermedio

Reflexionar sobre el flujo y reflujo emocional entre despedidas y reencuentros enriquece el tejido de nuestras relaciones:

- **Ecos emocionales**: Permítanse el espacio para reconocer y hablar de los sentimientos que despiertan la separación y el reencuentro. Son estas vulnerabilidades compartidas las que fortalecen los hilos de vuestra conexión.
- **Brillo anticipatorio**: La alegría de planear juntos la próxima visita virtual, eligiendo actividades o temas, crea una mezcla de anticipación que ilumina los días separados.
- **Lazos resistentes**: Abrazar el ritmo del adiós y el hola en nuestra danza digital nos enseña la resistencia de nuestras conexiones, demostrando que la distancia no es más que un detalle menor en el gran esquema de las cosas.

Adelante, Juntos

Incorporar la planificación del próximo encuentro virtual a los rituales de despedida convierte cada despedida en un paso hacia el próximo hola. Es una promesa mutua de continuar la aventura, un compromiso compartido para que la historia continúe, sin importar los kilómetros que haya de por medio.

Al elaborar conscientemente nuestras despedidas y reencuentros digitales, hacemos algo más que salvar la distancia física: tejemos un tapiz de conexión más fuerte y vibrante que nos mantiene unidos, por muy lejos que estemos. Es en estos momentos, en estos rituales, cuando descubrimos que nuestros corazones se vuelven más cariñosos, nuestros lazos más profundos y nuestros saludos más dulces.

Capítulo IX

Surcar juntos los rápidos sin perder el remo

Navegar en la Niebla: Navegar por Mares Inciertos con una Brújula Firme

Conversaciones en el horizonte

En el mar de la vida, sobre todo cuando se navega a larga distancia, mantener la cubierta abierta para hablar del futuro puede apuntalar el casco de la relación. Es como fijar un rumbo juntos, asegurándose de que ambos apuntan al mismo faro en la orilla. Cuando las aguas se agitan con preocupaciones sobre lo que hay más allá del horizonte, estas conversaciones son vuestros faros, que os guían a ambos con seguridad.

La ansiedad tiende a aparecer como la niebla en el mar cuando no sabes en qué dirección navega tu barco. Puede hacerte sentir a la deriva, sin tierra a la vista. Pero si tomáis juntos el timón, habláis de hacia dónde os dirigís y trazáis el rumbo con objetivos y sueños compartidos, podréis ahuyentar esa niebla. El viaje se convierte en una aventura compartida, en la que ambos manejan las velas y dirigen el timón hacia un futuro que han trazado juntos.

Zarpar hacia costas compartidas

Una relación es algo así como ser co-capitanes de un barco. Fijar objetivos es como trazar el rumbo y asegurarse de que se navega tanto por mares tranquilos como tormentosos.

He aquí cómo izar esas velas:

Viajes en solitario:

- Marca las estrellas por las que navegas. ¿Qué te impulsa? ¿Es la sed de conocimiento, la búsqueda de la pasión o el deseo de un mar en calma? Deja que esto guíe tus objetivos.
- Divida sus costas lejanas en islas a lo largo del camino. Alcanzar pequeños hitos puede mantener el viento en tus velas y el océano vasto pero amistoso.
- Sé específico con tus mapas. Las indicaciones imprecisas pueden llevarte a vagar en círculos. En lugar de eso, traza tu ruta con marcas y puntos de referencia claros.
- Celebra cada isla que alcances, haciendo balance del viaje y del crecimiento que te ha aportado.

Juntos hacia el mañana:

- Compartan sus mapas. ¿Dónde se solapan vuestros rumbos y dónde podríais tener que navegar con cuidado para mantener el rumbo juntos?
- Establezcan sus coordenadas, tanto cercanas como lejanas. Estos objetivos compartidos pueden ser tan prácticos como llenar la bodega de tesoros (ahorrar para una casa) o tan aventureros como descubrir nuevas tierras (viajar juntos).
- Comprueba regularmente tu brújula. Ajustad las velas cuando sea necesario, porque el mar cambia constantemente.
- Sé la tripulación del otro. Apoyandose mutuamente en las borrascas y en los bajones fortalece vuestra alianza y mantiene la nave a flote.

La brújula de la superación

Navegar por las inciertas aguas del futuro requiere una sólida brújula de estrategias de afrontamiento. He aquí cómo estabilizar tu embarcación:

- Anclarse en el presente a través de la atención plena. Puede calmar los mares y despejan el cielo, permitiéndote navegar a lo largo del día con facilidad.
- Concéntrate en lo que está bajo tu control. Ajusta tus velas, pero no te preocupes por la dirección del viento.
- Establece una rutina como el ritmo constante de las olas. Proporciona estructura y familiaridad, por muy lejos de la orilla que te encuentres.
- Muévete como el océano. Tanto si se trata de una suave sesión de yoga como de un vigoroso baño, deja que la corriente del ejercicio se lleve la tensión y el estrés.
- Ponte en contacto con tu tripulación. Ya sea compartiendo historias a la luz de una linterna o enviando mensajes en botellas, mantente en contacto con aquellos que ayudan a mantener tu barco a flote.
- Cuenta tus tesoros, no las leguas que faltan. La gratitud puede convertir un bote de madera en un poderoso galeón.
- Saber cuándo buscar una luz que nos guíe. No hay que avergonzarse de pedir ayuda, ya sea a un confidente o a un consejero profesional, para encontrar el camino en las noches de niebla.

Reunir a la tripulación

En aguas desconocidas, la tripulación que llevas a bordo marca la diferencia. Ya sean amigos que comparten tu viaje, familiares que han capeado tormentas contigo o profesionales que saben navegar por las complejas corrientes del corazón, su apoyo es inestimable. Son ellos quienes mantienen encendidas las linternas cuando cae la noche, ofreciendo canciones contra el silencio, calor contra el frío y luz para guiarte a casa.

En el vasto océano de la vida, ningún barco navega solo. Todo capitán conoce el valor de una buena tripulación, aquellos que están a tu lado cuando las estrellas se esconden y el mar ruge. En su compañía, encuentras fuerzas para afrontar el día siguiente, sabiendo que juntos podéis capear cualquier temporal y encontrar el camino hacia costas soleadas.

Así que, mientras trazamos nuestro rumbo a través de la incertidumbre de lo que está por venir, recordemos gobernar con amabilidad, navegar con amor y mantener siempre, siempre, a nuestra tripulación cerca. Porque no es sólo el destino lo que importa, sino el viaje y aquellos con quienes lo compartimos.

Salvando las Distancias con Dólares: El Vals Financiero del Amor a Distancia

Afinar el violín para lograr la armonía financiera

Hablar honesta y abiertamente de dinero puede que no sea tan dulce como susurrarse carantoñas por teléfono, pero sin duda es una piedra angular si quieres mantener a flote tu barco del amor a distancia. Es como emprender una travesía: hay que tener un mapa, marcar las paradas y tener un dinero ahorrado para el viaje. Cuando abres el libro de cuentas con tu pareja, no se trata tanto de contar los céntimos como de sincronizar vuestros sueños y vuestras realidades.

Desembalar juntos el contenido de la cartera puede evitar un montón de malentendidos. Es tan divertido como bailar con botas pesadas, por supuesto, pero sienta las bases de la confianza y el entendimiento, que conducen directamente a la Ciudad de la Estabilidad de las Relaciones. Allí es donde intercambian opiniones sobre lo que valoran, lo que sueñan y cómo van a avanzar juntos.

Presupuestos: Más que contar frijoles

Cuando se trata de sacar el máximo partido a cada céntimo para estar juntos, es más arte que ciencia. El truco está en averiguar qué es lo que realmente te llama la atención. ¿Las llamadas nocturnas, las escapadas de fin de semana o ahorrar para el gran salto que supone cerrar la brecha? Una vez que te hayas decidido, lo importante es hacer que esos dólares rindan como un largo día de verano.

Esboza un presupuesto que no sólo mantenga las luces encendidas, sino también el corazón caliente. Es como planificar una cosecha: hay que saber cuándo sembrar y cuándo recoger. Y tan seguro como la lluvia, saber dónde están enterrados los tesoros garantiza que no se escape ninguno. Se trata de planificar los picnics mientras te aseguras de que la granja no queda desatendida.

Cuando el horizonte arroja una bola curva, como ocurre a menudo, tener un poco de margen en el libro de cuentas puede evitar que te pongas de nervios. Y recuerda que las mejores cosas de la vida, como la risa, las largas conversaciones nocturnas y soñar juntos, no cuestan ni un céntimo.

Echando la red para mañana

Hablar del futuro, sobre todo cuando sueñas con acortar esa molesta distancia, es como trazar un rumbo en aguas desconocidas. Se trata de tener la brújula puesta y las velas preparadas. Esta conversación es el timón que dirige vuestro barco colectivo hacia ese amanecer compartido en el horizonte.

Ahorrar para cuando las millas se desvanezcan significa que ambos reman en sincronía. No se trata sólo de guardar el oro para el gran viaje, sino de asegurarse de que la travesía esté flanqueada por puestas de sol compartidas y la promesa de un puerto común. Comprender lo que anhela cada corazón y allanar juntos el camino garantiza que, cuando por fin atraquen sus barcos uno al lado del otro, la transición sea tan suave como un mar en calma. Se trata de estar preparados tanto para las tormentas como para el arco iris, asegurándose de que su futuro hogar se construya sobre una base sólida, con vistas a un futuro cielo común.

El pasodoble financiero de las relaciones a distancia es un baile delicado, a veces intenso. Se trata de equilibrar tu estilo personal con el ritmo de tu pareja, asegurándote de que, cuando pare la música, ambos pisáis un terreno sólido y compartido. Tus mejores herramientas en este baile son las conversaciones abiertas, los presupuestos creativos y una mirada aguda al futuro. **No** siempre es fácil, pero con un poco de iniciativa, mucho amor y un buen plan financiero, podéis convertir esos caminos separados en un camino recorrido juntos. Recuerda que lo importante no es el destino, sino el viaje y cómo cantas y bailas por el camino.

Surcando los Rápidos del Cambio Juntos

Silbando a través de los vientos del cambio

El cambio es como el viento: está por todas partes y no sirve de mucho luchar contra él. Es mejor ajustar las velas. Cuando las corrientes de la vida cambian, ya sea porque te mudas de ciudad, cambias de profesión o por el ajetreo de la vida familiar, es como si tú y tu pareja estuvierais juntos en una canoa, navegando por las curvas de un caudaloso río.

¿La clave para navegar por estas aguas? **Hablar**, y no sólo del tiempo. Profundiza en tus esperanzas, miedos y sueños. Se trata de hacer un pacto para surcar los rápidos codo con codo, compartiendo la remada para que ninguno se desgaste demasiado. Recuerda que lo que importa es el viaje, no sólo el destino.

Mantener el ritmo

Mientras la vida te lleva de un lado a otro, no dejes que la música de tu relación se desvanezca en el fondo. Puede que la melodía cambie un poco, que sea un poco más rápida, un poco más compleja, pero lo importante es seguir bailando juntos, aunque sea en el salón.

La flexibilidad es el nombre del juego. La vida está llena de sorpresas, y cómo reaccionéis juntos puede convertir un camino lleno de baches en una aventura emocionante. Ofrece un hombro cuando las cosas se pongan difíciles y una alegría cuando el cielo se despeje. Planifica el mañana, pero vive el presente, creando espacios de alegría y paz en medio del caos.

Diapasones para el alma

Hay algo que decir sobre compartir tus pensamientos y temores, especialmente en momentos tan agitados como un violinista en el tejado. Es como hablar de corazón a corazón junto al fuego, donde el calor de las llamas fomenta la franqueza y la comprensión. Esas conversaciones son los pilares que sostienen el tejado de tu relación, haciéndola resistente contra las tormentas de la vida.

Participar en actividades que os unan más -ya sea crear juntos una magia culinaria o perderse en un buen libro- estrecha el tejido de vuestra relación con cada risa compartida y cada secreto susurrado. Es en esos momentos, cuando el mundo exterior cambia más deprisa que una liebre asustada, cuando se pone de manifiesto la importancia de crear y valorar las experiencias compartidas.

Diamantes forjados bajo presión

Es bajo el peso de los retos de la vida cuando se forja la verdadera fuerza de una relación. Como los diamantes que se forman bajo presión, superar juntos los obstáculos puede convertir tu vínculo en algo deslumbrantemente fuerte.

Los retos son como la tierra de la que brotan las flores del crecimiento personal y la comprensión mutua. Os enseñan la profundidad de vuestra resistencia, la fuerza de vuestro apoyo mutuo y los cimientos inquebrantables sobre los que se construye vuestro amor.

Navegar por los cambios y desafíos de la vida con tu pareja o tus seres queridos es comparable a emprender una gran expedición por territorios desconocidos. Con la confianza como brújula y la comunicación como mapa, no hay tormenta demasiado feroz, montaña demasiado alta ni río demasiado salvaje. Si emprenden el viaje con el corazón abierto y el espíritu dispuesto, descubrirán que juntos pueden capear cualquier temporal y llegar a la otra orilla más fuertes, más sabios y más conectados que nunca. Recordad: cuando las aguas se agiten, apoyaos el uno en el otro y seguid remando.

Navegando Sabiamente por el Mar de Palabras

Evitar el diluvio de comunicaciones

En el vasto océano de las relaciones, el exceso de comunicación es como una borrasca repentina que puede alterar las aguas más tranquilas. Es cuando nos encontramos enviando una avalancha de mensajes de texto, correos electrónicos y llamadas, abarrotando las ondas más que un baile de granero lleno un sábado por la noche. Pero aquí está el truco: igual que echar demasiada sal a la cena, hablar demasiado puede estropear el caldo de una buena relación.

Reconocer el exceso de comunicación suele ser bastante fácil. Son esos constantes "chequeos", el bombardeo de mensajes que no dicen gran cosa y la incapacidad de disfrutar de un momento de paz porque el teléfono zumba como una colmena en primavera. Es cuando los límites entre compartir y asfixiar se confunden tanto como un charco de barro en un aguacero.

El problema del exceso de parloteo es que puede desgastar las conexiones más sólidas, convirtiendo los silencios en pausas incómodas. Puede desdibujar los límites que mantienen una relación sana, provocando confusiones, cansancio y el tipo de agotamiento que te deja tan exhausto como el cauce de un río azotado por la sequía.

La regla de oro: La calidad supera a la cantidad

Ahora bien, hay una verdad consagrada tan clara como la luz del día: no se trata de cuánto hablas, sino del corazón y el pensamiento que pones en esas palabras. La comunicación de calidad es como un jardín bien cuidado: requiere paciencia, cuidado y dedicación, la cantidad adecuada de sol y lluvia.

Elegir con cuidado los momentos y las palabras puede convertir una simple conversación en un puente que salve las mayores distancias. Se trata de hacer que esos momentos cuenten, de compartir pensamientos que importen y de escuchar con el corazón abierto, dispuesto a recibir y comprender.

Poner límites como postes de una valla

La clave para evitar el pantano de la sobrecomunicación es establecer límites tan firmes como los postes de una valla en terreno firme. Se trata de saber cuándo hablar, cuándo escuchar y cuándo disfrutar juntos del silencio. Estableciendo señales claras y respetando la necesidad de espacio de cada uno, se fomenta una relación que se siente tan cómoda con el silencio como con la conversación.

Los límites ayudan a garantizar que, cuando se habla, sea con sentido, como cuando se comparten historias bajo las estrellas, donde cada palabra es un destello en la noche. Nos recuerdan que, a veces, las conexiones más profundas se sienten en los momentos de silencio, en la comprensión que no necesita palabras para llenar el espacio entre dos corazones.

Equilibrar la balanza de la conversación

Navegar por el mar de la comunicación requiere mano firme y ojo avizor, como gobernar un barco en medio de mareas cambiantes. Se trata de encontrar el equilibrio entre compartir y escuchar, dar y recibir, hablar y estar juntos en silencio.

Privilegiando la calidad sobre la cantidad, estableciendo límites y respetando las necesidades de comunicación de cada uno, podemos fomentar relaciones tan ricas y gratificantes como una luna de cosecha. Es en este equilibrio donde encontramos la verdadera conexión, donde cada palabra cuenta, y el silencio es sólo otra forma de comprensión, tan profunda y vasta como el propio mar.

Navegando en Aguas Turbulentas con Gracia

Esquivar las gotas de la duda

Enfrentarse a un chaparrón de escepticismo sobre tu relación amorosa a distancia puede desanimarte si lo permites. Pero, como sabe cualquier agricultor experimentado, un poco de lluvia forma parte del ciclo de la estación. El truco está en saber sortear estos chaparrones sin dejar que inunden tus campos.

¿Cómo mantener a flote su barco del amor en medio de un mar de escépticos?

1. **Comparte tu sol**: Habla con tus seres queridos de lo que hace que vuestra relación sea especial. Compartir la calidez y la luz de su relación puede ser lo que despeje sus dudas.
2. **Educar con amor**: A veces, la gente no entiende la fuerza y la resistencia necesarias para mantener una relación a distancia. Un poco de educación, compartida con delicadeza, puede convertir a los escépticos en partidarios.
3. **Traza las líneas de tu valla**: Está bien compartir, pero hay que saber dónde acaba la propiedad. Establecer límites sobre lo que está abierto a discusión y lo que está fuera de los límites puede mantener la paz y

proteger la santidad de su relación.

4. **Cultiva tu jardín de apoyo**: Rodéate de personas que crean en el poder del amor, sin importar la distancia. Su fe puede ayudar a mantener fuerte la tuya.

5. **Encuentra el lado bueno de las cosas**: Recuérdate a ti mismo y a los demás que beneficios y fortalezas que fomenta la distancia, como la confianza y la capacidad de comunicación.

6. **Mantente firme en tus botas**: Confía en la fuerza de tu conexión. Lo que de verdad importa es que creas en tu relación, no las opiniones de los que miran desde fuera.

7. **Demuéstrales que se equivocan**: La mejor respuesta a la duda es una relación fuerte, amorosa y duradera. Vive tu historia de amor de tal manera que inspire incluso a los escépticos más acérrimos.

Construir juntos una base más sólida

Fortificar tu relación contra el mal tiempo del escepticismo implica algo más que mantener la lluvia fuera. Se trata de reforzar la estructura desde dentro.

Clava esos clavos fortificadores:

1. **Ventanas abiertas, corazones abiertos**: Mantén las líneas de comunicación tan claras como una mañana de primavera. Compartir, escuchar y crecer juntos.

2. **Trace su rumbo en el mapa**: Sepan hacia dónde se dirigen juntos. Compartir objetivos y sueños es como tener una brújula en el desierto.

3. **Cultivar el respeto mutuo**: El respeto es el terreno en el que mejor crece el amor. Cultívalo valorando las opiniones, necesidades y límites del otro.

4. **Permanezcan unidos**: Cuando sople el viento, permanezcan unidos. Demuestra al mundo que tu asociación es una fortaleza de apoyo y unidad.

5. **Cosechar gratitud**: Tómense tiempo para apreciarse mutuamente. Reconocer lo bueno de la relación ayuda a mantener fuertes los cimientos.

6. **Ocúpate de tus propios campos**: Apoyar la independencia del otro es tan importante como cultivar experiencias compartidas. Un poco de espacio ayuda a crecer a ambos miembros de la pareja.

7. **Únase a las cosechas comunitarias**: Participar en actividades con intereses comunes puede tejer su relación en el tapiz más amplio de la comunidad, y la experiencia humana compartida.

Proteja su jardín

En el mundo del amor, no todas las semillas brotan, ni todos los jardines prosperan bajo la mirada constante de los demás. Elegir qué compartir y qué guardar para uno mismo es como saber qué cultivos resguardar de la tormenta.

Valorar la primavera interior

Los pozos de apoyo más profundos vienen de dentro. Cuando tú y tu pareja sacáis agua de vuestros propios manantiales de confianza y autoestima, es menos probable que tengáis sed de validación externa. Este sustento interior alimenta tu relación, haciéndola florecer maravillosamente, llueva o truene.

En el viaje de toda relación, sortear las opiniones y el escepticismo del mundo no es más que una parte del camino. Si te centras en lo que de verdad importa -tu amor, tu compromiso y la vida que estáis construyendo juntos- podrás capear cualquier temporal.

Capítulo X

Marcando el rumbo hacia la unión

De Vuelta a Casa: Trazando el Rumbo Hacia la Unión

Convertir las despedidas en puentes

Despedirse después de un encuentro digital no es sólo decir adiós; es establecer conexiones para futuros encuentros. Establecer rituales sinceros para estos momentos puede suavizar el dolor de la distancia y fortalecer nuestros lazos.

1. **Firmas de despedida**: Crear una despedida única, tal vez una cita compartida o una promesa esperanzadora, transforma una simple despedida en un momento de conexión, una suave garantía de que esto no es el final, sólo una suave pausa en nuestro viaje juntos.
2. **Emblemas de despedida**: La elaboración de un ritual de clausura, ya sea una risa compartida, un deseo silencioso o una mirada esperanzada hacia el próximo encuentro, impregna nuestra despedida de calidez y expectación.
3. **Marcando el próximo encuentro**: Entretejer la promesa de nuestro próximo encuentro en nuestras despedidas nos da un faro de esperanza, anclándonos en el futuro con un recordatorio de que esta separación no es más que un breve interludio en nuestra historia común.
4. **Despedidas personalizadas**: Adaptar nuestras despedidas con un mensaje o un gesto que sea claramente "nuestro" añade profundidad y sinceridad, convirtiendo una despedida digital en un cálido abrazo a

través de los kilómetros.

Reavivar la alegría en la reconexión

Al navegar por nuestras reuniones digitales, crear ceremonias en torno a estos momentos puede aumentar la alegría y la conexión de nuestros encuentros:

1. **Rituales de bienvenida**: Inicie sus reuniones virtuales con una tradición que envuelva a todos en calidez, tal vez un brindis o un silencio compartido, que marque el comienzo de otro viaje compartido.
2. **Exploraciones compartidas**: Sumergirse en aventuras mutuas, como elaborar juntos una nueva receta o aventurarse por un paisaje virtual, puede transformar los encuentros rutinarios en experiencias entrañables.
3. **Entretejiendo recuerdos**: Incorporar momentos de atención plena y reflexiones compartidas enriquece nuestras reuniones y nos permite celebrar nuestro crecimiento y los caminos que hemos recorrido.
4. **Tradiciones en evolución**: Cada reunión es una oportunidad para fortalecer nuestros vínculos. Cree nuevos rituales que crezcan con su relación, asegurándose de que cada reunión sea una celebración única de su vínculo.

Abrazar el espacio intermedio

Reflexionar sobre el paisaje emocional entre despedidas y reencuentros puede enriquecer la narrativa de nuestras relaciones:

- **Los ecos de la emoción**: Reconocer y hablar de las emociones que despiertan la separación y el regreso puede fortalecer los hilos de nuestra conexión, haciendo que nuestros reencuentros sean aún más dulces.
- **La anticipación del regreso**: El acto de planificar nuestro próximo

encuentro virtual, eligiendo actividades y temas, crea un tapiz de anticipación que ilumina los días que nos separan.

- **La resistencia de los vínculos**: La danza del adiós y el hola nos enseña la resistencia de nuestros vínculos, demostrando que la distancia no es más que un personaje secundario en nuestra narrativa compartida.

En unidad, adelante

Entrelazar la planificación de nuestro próximo encuentro virtual en nuestras despedidas convierte cada despedida en un paso hacia nuestro próximo hola. Es una promesa mutua de continuar la aventura, un compromiso compartido de tejer nuestras historias juntos, sin importar la distancia.

Al enmarcar conscientemente nuestras despedidas y reencuentros digitales, hacemos algo más que salvar la distancia física: reforzamos el tejido de nuestra conexión, garantizando que, a pesar de los kilómetros, nuestros lazos sigan siendo fuertes, vibrantes y cada vez mayores.

Creación de una Colcha Comunitaria

Hilando hilos con los amigos y la familia

Al igual que un guiso sustancioso necesita más de un ingrediente, una vida plena necesita una mezcla de personas con las que compartirla. Confiar en una sola persona para desempeñar todas las funciones -confidente, compañero de aventuras, hombro sobre el que llorar- es como esperar que un solo caballo tire de toda una caravana. Por eso, ampliar tu círculo social con un mosaico de amigos, familiares y contactos comunitarios no sólo es bueno, sino necesario.

Tener una variedad de personas a las que acudir puede aliviar la presión de tus relaciones románticas, permitiéndoles respirar y crecer sin agobios. Del mismo modo que una colcha está hecha de muchos remiendos, cada uno único pero todos cosidos juntos, nuestras necesidades sociales se satisfacen mejor con un tapiz de relaciones, cada una aportando su propio color y calidez.

Aunar esfuerzos en grupo

De la misma manera que una granja une a una comunidad, participar en actividades de grupo puede unirnos más a los demás. Es en estas actividades compartidas, como las abejas de acolchado o la jardinería comunitaria, donde encontramos a nuestra tribu. Compartir una carcajada por una maceta deforme en una clase de cerámica o pasarse el balón en un partido de fútbol informal son momentos que nos tejen en el tejido más amplio de la humanidad.

Estas experiencias compartidas no sólo ofrecen el consuelo de pertenecer a algo, sino también la emoción de contribuir a algo más grande que nosotros mismos. Nos recuerdan que, aunque nuestros viajes en solitario son importantes, hay un tipo especial de alegría en viajando juntos.

Animarse mutuamente en las aventuras en solitario

Aunque es maravilloso tejer un manto reconfortante compartido de amigos y experiencias, es igualmente importante celebrar los viajes en solitario de cada uno. Animar a tu pareja o amigo a perseguir sus propias pasiones y conexiones fuera de vuestra relación es como aplaudir su solo en el concierto de la vida. Demuestra que valoras su felicidad y su crecimiento tanto como vuestra felicidad compartida.

Este apoyo a la independencia no deshace el tejido de vuestra relación, sino que lo fortalece, añadiendo nuevas texturas y patrones que enriquecen el conjunto. El hecho de que podáis animaros mutuamente, incluso desde la barrera, es una prueba de la fuerza de vuestro vínculo.

Encontrar el parentesco en la era digital

En el mundo actual, gracias a la magia de Internet, nuestras relaciones sociales pueden ir mucho más allá de nuestra comunidad local. Las comunidades en línea son un salvavidas para quienes mantienen relaciones a distancia, ya que ofrecen un lugar de encuentro virtual para quienes están separados por kilómetros pero unidos en espíritu.

Estos foros digitales son como los círculos de acolchado de antaño, lugares donde se comparten historias y consejos, y se forjan amistades. Ofrecen un espacio donde puedes ser comprendido y apoyado por quienes navegan por los mismos sinuosos caminos del amor y la vida.

Al recorrer el camino de la vida, las relaciones que cultivamos -tanto cercanas como lejanas, en línea o fuera de línea- contribuyen a enriquecer nuestra experiencia. Como una colcha de retazos, cada conexión añade calidez y belleza a nuestras vidas. Al valorar tanto nuestras experiencias colectivas como nuestros viajes individuales, podemos crear una vida tan rica y variada como una colcha de retazos: cada pieza es una historia, cada puntada un recuerdo.

Fusión de Horizontes: De la Lejanía a la Coexistencia

Sentar las bases

Ha llegado el momento de tender puentes, de convertir la distancia en una dirección compartida. Es como preparar la tierra para un nuevo cultivo: requiere reflexión, un poco de trabajo y mucho corazón.

Plantar las semillas para una transición sin problemas:

1. **Acurrúquense para hablar de corazón a corazón**: Antes de unir vuestras vidas bajo un mismo techo, es fundamental sentarse y discutir las expectativas, desde quién friega los platos hasta los sueños de futuro. La transparencia ahora puede evitar muchos problemas más adelante.
2. **Elegir el nido**: ¿Echarán nuevas raíces juntos en tierra fresca, o uno de los dos se unirá al jardín ya establecido del otro? Decidir dónde cultivaran sus vidas es un primer paso crucial.
3. **Ajustar las velas**: Fusionar dos vidas significa adaptar hábitos y rutinas. Prepárate para doblarse como un sauce, acomodándose y transigiendo a medida que encuentran un nuevo ritmo juntos.
4. **Dibuja tus límites en la arena**: Incluso las parejas más unidas necesitan su propio espacio. Pónganse de acuerdo desde el principio

sobre cómo respetar la necesidad de espacio y soledad del otro.

5. **Prepárese para un poco de mal tiempo**: Pasar de la visita ocasional a compartir la vida cotidiana puede provocar algunas borrascas. Espere algunas, y recuerde que todas las parejas se enfrentan a ellas. Lo que cuenta es cómo las superas.

6. **Celebra el viaje**: No dejéis que la logística empañe la alegría de este gran paso. Tomaos tiempo para saborear el comienzo de este nuevo capítulo de vuestras vidas.

Fomentando una comunicación abierta, estableciendo expectativas claras y manteniendo una actitud positiva, estarás echando raíces sólidas para vuestro futuro común. Recuerda que es el crecimiento que se produce durante estas transiciones lo que fortalece vuestro vínculo.

Enfrentarse juntos al nuevo clima

Como cualquier cambio de tiempo, pasar de la larga distancia a compartir la mesa del desayuno cada mañana puede costar un poco de tiempo.

Consejos para aclimatarse al nuevo entorno:

1. **Mantén las líneas abiertas**: Nunca subestimes el poder de la palabra. Las charlas periódicas sobre cómo os estáis adaptando los dos pueden aclarar las cosas y mantenerlas frescas.

2. **Ten paciencia**: Al igual que las plantas necesitan tiempo para crecer, lo mismo ocurre con su nueva forma de vida. Permítanse la gracia de adaptarse a los hábitos y peculiaridades de cada uno.

3. **Mantente flexible**: La flexibilidad es tu mejor herramienta para fusionar dos vidas. Estate dispuesto a probar cosas nuevas y a hacer ajustes sobre la marcha.

4. **Establece tus límites**: Saber cuándo hay que estar juntos y cuándo hay que dejar espacio al otro es fundamental. Unos límites claros pueden

evitar muchas peleas innecesarias.

5. **Cree recuerdos**: Propóngase explorar y disfrutar de actividades juntos. Estas experiencias compartidas pueden ser el pegamento que una vuestra relación.

6. **Mantén tu esencia**: Vivir juntos no significa fundirse en una sola entidad. Aprecien su individualidad; es lo que les unió en primer lugar.

Conservar su parcela personal

Aunque vuestras vidas se entrecrucen, es vital que os guardéis un rincón en el jardín. Recuerda que una relación sana se nutre del equilibrio: la unidad de la unión y la libertad de la individualidad.

La danza continua

Recuerda que cruzar el puente de la distancia al cuerpo a cuerpo es sólo el principio. Como un jardín que necesita cuidados regulares, una relación necesita cuidados y adaptación continuos para crecer. Prepárate para seguir trabajando, seguir amando y seguir adaptándote a medida que avanzas por la vida codo con codo.

Vivir juntos después de haber estado separados por un mapa y un calendario no es poca cosa. Es una aventura que requiere un mapa, una brújula y la voluntad de viajar juntos hacia lo desconocido. Con paciencia, amor y una pizca de humor, encontraréis el camino a través de la espesura hacia cielos más despejados y un vínculo más fuerte.

Relación Perfil

Daniel y Sophie

La historia de amor de Sophie y Daniel se desarrolla como la de un barco que zarpa hacia el vasto mar abierto, embarcándose en un viaje lleno de expectación y de lo desconocido. Al principio, los kilómetros que los separaban no parecían más que una pequeña brecha, fácilmente salvable por la emoción que zumbaba en las ondas que los conectaban. Sin embargo, a medida que los días se iban convirtiendo en meses, la realidad de la separación se iba imponiendo con llamadas perdidas, como barcos que se cruzan en la noche, choques de husos horarios que hacían que sus agendas chocaran en lugar de coincidir, y las interpretaciones erróneas, demasiado comunes, que a menudo transmiten los mensajes de texto.

Las presiones de la floreciente carrera profesional de Sophie y los esfuerzos académicos de Daniel añadieron peso a su barco, amenazando con hundir lo que habían construido. Sin embargo, fue su reconocimiento común de que la comunicación abierta era el salvavidas de su amor lo que les guió a través de las agitadas aguas. Hicieron un pacto para abordar los agravios de frente, asegurándose de que ningún problema se pudriera y crecieran percebes que pudieran frenarles.

Su confianza no era una simple boya que flotaba sin rumbo, sino que estaba anclada en lo más profundo de su compromiso, reforzada por cada promesa cumplida, cada garantía dada y cada acción emprendida. A medida que superaban los retos, el arte de la conversación clara y la confianza inquebrantable en las intenciones del otro iluminaron su camino.

Aprendieron a ver sus diferencias no como una división, sino como un mosaico de fortalezas que celebrar, cada una de ellas como un faro que les guiaba a través de la niebla.

Su viaje no estuvo exento de borrascas, con dudas y temores azotándoles como vientos de tempestad. Sin embargo, los cimientos que habían construido con tanto esmero les permitieron capear cada tormenta, saliendo no maltrechos sino más brillante, su vínculo se reforzaba con cada ola que conquistaban.

El viaje de Sophie y Daniel se erige como un faro del poder duradero del amor que se extiende a través de kilómetros. Su transición de un amor puesto a prueba por la distancia a una vida compartida bajo un mismo techo pone de manifiesto las inestimables lecciones que aprendieron en el camino: paciencia, confianza y la insustituible virtud de escuchar y hablar desde el corazón.

Su relato es más que una historia: es una brújula para navegar por las complejas corrientes del amor a distancia. Nos recuerda que, con un compromiso firme de comunicación abierta, confianza y comprensión, se puede cruzar la desalentadora extensión de la distancia y llegar a orillas rebosantes de alegría compartida y a un futuro tejido en unidad.

Epílogo

La confianza, brújula de la distancia

En estas páginas hemos recorrido el corazón de la confianza en las relaciones a distancia de la era digital. Hemos abordado cómo evoluciona la confianza, enfrentándose a los torbellinos de la tecnología y a kilómetros de separación. Como una vieja brújula en manos de los pioneros, hemos navegado por la importancia de la comunicación, destacando su papel como salvavidas que mantiene la intimidad emocional a través de grandes distancias.

Nos hemos puesto manos a la obra para hacer frente a los obstáculos a los que se enfrentan las parejas románticas dispersas por zonas horarias y continentes, desde el dolor de la ausencia hasta las trampas de los malentendidos. Para ello, hemos trazado un mapa repleto de estrategias e ideas destinadas a guiar a las parejas a través de estas tempestades.

En el centro de todo, el faro que guía este viaje se mantiene firme: la confianza, la comunicación y la conexión de los corazones son los cimientos sobre los que se mantiene firme el edificio del amor a distancia. Mientras te detienes a reflexionar, la esencia de este viaje perdura: armado de paciencia, empatía y compromiso inquebrantable, el amor que atraviesa los kilómetros puede florecer y florecer.

Al afianzar la confianza y mantener abiertos los canales de comunicación, las parejas separadas por kilómetros pueden forjar un vínculo lo bastante sólido como para superar los retos de la distancia y el tiempo. Se trata de alimentar esa conexión, encender las llamas de la intimidad y garantizar la longevidad de su viaje compartido.

Brindamos por la valentía necesaria para mantener encendido el fuego de una relación a distancia. Es un baile de perseverancia y dedicación mutua, y la comprensión, donde ambos miembros de la pareja sintonizan con el ritmo del compromiso. La guía que se ofrece en estas páginas no es más que una caja de herramientas; la verdadera artesanía proviene de los corazones y las manos de quienes están dispuestos a esculpir su amor hasta convertirlo en una obra maestra.

Embarcarse en una relación a distancia no es sólo una prueba de amor, sino una odisea de crecimiento personal y conjunto. La distancia exige una comunicación eficaz, fomenta la paciencia y enciende la creatividad para permanecer unidos. Estos retos no son meros obstáculos, sino los yunques sobre los que se forja la fortaleza de su relación, dejándola potencialmente más fuerte, más resistente.

En los momentos en que el camino parece empinado, apóyate en quienes ya lo han recorrido: amigos, familiares o profesionales. Buscar orientación es un paso adelante para enriquecer tu jardín de relaciones, un testimonio de la fuerza y la profundidad de tu compromiso.

Brindemos por vosotros, navegantes del corazón, que trazáis vuestro rumbo a través de los mares de la distancia. Que los conceptos compartidos en estas páginas os sirvan de ancla y de vela para capear el temporal y disfrutar de la luz del sol de vuestro amor. Vuestra historia es un faro de esperanza y un testimonio del poder duradero del amor sobre la distancia. Concluimos este capítulo con una llamada a la acción: un llamamiento a utilizar los conocimientos y las estrategias con corazón y celo. La esencia del éxito de cualquier relación reside en el esfuerzo y la capacidad de adaptación de sus protagonistas. Que este libro no sea sólo una guía, sino una chispa que encienda el fuego interior para alimentar una relación que trascienda las fronteras, demostrando que, efectivamente:

El amor no conoce distancias.

Para quienes reflexionan sobre la resistencia del amor a distancia, que esto les sirva de linterna en la noche: pueden remontar el vuelo y transformar los retos en un testimonio de asociación duradera. Los estudios se hacen eco de este optimismo y describen el amor a distancia no como una historia de cautela, sino de triunfo, marcada por profundos niveles de satisfacción, intimidad y confianza, a menudo incomparables con los de la pareja a corta distancia.

Para cualquiera que se embarque o navegue por las aguas de la distancia en el amor, aférrese a la creencia de que su historia también puede unirse a los anales de los felices para siempre. Con el corazón abierto y las líneas abiertas, la historia de vuestro amor puede florecer, sin límites.

Cordialmente invitado…

Si has pasado esta última página, te habrás fortalecido y fortificado con todos los conocimientos necesarios para mantener encendida la llama de tu amor a cualquier distancia que el mundo pueda lanzarte. Enhorabuena, bien hecho.

Te invitamos cordialmente a que dedique un momento de tu tiempo a anotar tus pensamientos sobre este libro. Tanto si este libro te ha servido de guía en tiempos oscuros como si te ha ofrecido una nueva perspectiva para conversar a través de los continentes, tus palabras podrían ser la brújula que otras almas necesitan para encontrar su camino.

Aquí va la gran pregunta, nuevamente: ¿podrías volver al lugar donde compraste el libro y escribir una reseña honesta? No es necesario utilizar códigos QR ni enlaces, simplemente regrese al sitio de compra y comparta tus opiniones.

Gracias por acompañarnos en este viaje, y brindamos por las millas que ustedes recorrerán juntos, en espíritu y en amor.

Fuentes

Primera Parte

1. Estudios de Comunicación. Historia de las citas y la comunicación. Disponible en: https://www.communicationstudies.com/the-history-of- dating-and-communication.
2. El lugar de las relaciones. Impactos de las relaciones en los medios sociales. Disponible en: https://www.sdrelationshipplace.com/impacts-of-social-med ia- relationships/.
3. Seattle Christian Counseling. 7 claves para una comunicación eficaz en las relaciones. Disponible en: https://seattlechristiancounseling.com/articles/7-keys-to-effective-communication-skills-in-relationships.
4. LinkedIn. Encontrar el equilibrio: Social Media Usage & Its Impact on Your Relationship. Disponible en: https://www.linkedin.com/pulse/striking- balance-social-media- usage-its-impact-your-relationship-j.

Segunda Parte

1. Verywell Mind. ¿Qué es la escucha activa? Disponible en: https://www.v erywellmind.com/what-is-active-listening-3024343.
2. Centro de Investigación Pew. Citas y relaciones en la era digital. Disponible en: https://www.pewresearch.org/internet/2020/05/08/dat ing-and-relationships-in-the-digital-age/.
3. Cozymeal. Ideas para citas a distancia. Disponible en: https://www.cozy meal.com/magazine/long-distance-date-ideas.
4. Historias de Suzy. Resolución de conflictos a larga distancia. Disponible en: https://s uzystories.com/long-distance-conflict- resolution/.

Tercera Parte

1. Centro de Bienestar Estudiantil de la Universidad McMaster. Relaciones sanas y comunicación a distancia. Disponible en: https://wellness.mcm aster.ca/healthy-relationships-long-distance-communication-2/.
2. La ciencia de las personas. Ideas para citas virtuales. Disponible en: https://www.scienc eofpeople.com/virtual-date-ideas/.
3. Mente muy sana. Cómo afectan las relaciones a distancia a tu salud mental. Disponible en: https://www.verywellmind.com/long-distance-relationships-mental-health-6821945.
4. NuestraRelación. Cómo mantener la intimidad y la conexión en una relación a distancia. Disponible en: https://www.ourrelationship.com/cómo

Cuarta Parte

1. Centro de Bienestar Estudiantil de la Universidad McMaster. Relaciones sanas y comunicación a distancia. Disponible en: https://wellness.mcm aster.ca/healthy-relationships-long-distance-communication-2/.
2. Eightify. Crear confianza en las relaciones: Superar los celos y la inseguridad. Disponible en: https://eightify.app/summary/relationships/ building-trust-in- relationships-overcoming-jealousy-and-insecurity.
3. WorldFirst. Cómo sobrevivir económicamente a una relación a distancia. Disponible en: https://www.worldfirst.com/au/blog/economic-updates/cómo-sobrevivir-financieramente-a-una-relación-a-larga-distanci
4. AlloHealth. Efectos psicológicos de las relaciones a distancia. Disponible en: https://www.allohealth.care/healthfeed/sex- education/ psychological-effects-of-long-distance-relationships.